이 책은 당신이

Web 3.0의 미래를 주도할 수 있도록

WebKey 를 통해 참여와 소유의 시대로

들어가게 하는 안내서입니다.

Web 3.0 디지털 혁명의 관문

Web 3.0 디지털 혁명의 관문 WebKey

초판 1쇄 인쇄 2025년 08월 22일
초판 4쇄 발행 2025년 11월 21일

지은이	박문식
펴낸이	이서정
펴낸곳	책미듬
편 집	이서정
디자인	Do'soo

주 소 • 경기도 고양시 일산동구 호수로 662 삼성라끄빌 740호
전 화 • 031-903-9659
이메일 • jan92@nate.com
등록일 • 2019. 10. 15
등록번호 • 제2019-000160

© 박문식, 2025
ISBN 979-11-975933-4-5 (03320)

책값은 책표지 뒤에 있습니다.
이 책은 책미듬이 저작권자와의 계약에 따라 발행한 것이므로 저작권법에 따라 무단 전재와 복제를 금합니다.

Web 3.0 디지털 혁명의 관문
WebKey

박문식 지음

책미듐

머리말

이 책을 쓰게 된 이유

"책상머리에서 논문으로 승부를 겨루는 사람들은 현실에 묻어 있는 미묘한 사회경제적 문제들을 제대로 인식하기 어렵습니다. 연구실 학자들이 실무의 세계로 나와 정책을 구체화하고 실행할 때 실패할 확률이 높습니다. 실무 경험이 적어 거대 담론에서 벗어난 실용적인 문제의식을 느끼기 어렵기 때문입니다. 현실은 교과서대로 또는 논문대로 움직이지 않습니다. 그렇다고 해서 실무를 오랫동안 했던 기업의 중역이나 고위공직자들에게 문제의식이 있느냐 하면 그렇지도 않습니다. 내가 만난 사람들 대부분 문제의식 자체가 없습니다. 기존의 관행에 매몰되어 있기 때문입니다."

위의 글은 경영학 분야 중 하나인 인사 조직론의 대가이신 최동석 박사의 저서 『성취예측 모형』 초입에 나오는 내용입니다.

필자는 2015년도에 비트코인이 세상에 가져온 블록체인이라는 혁신적인 기술에 매료되어 이리저리 지적 방황을 시작하였습니다. 그러다 우연하게도 『150만 원으로 10억 벌었다』, 『가상화폐 100문 100답』, 『가상화폐 기본도 모르고 할 뻔했다』 이렇게 책을 세 권이나 집필했고, 작가라는 별칭도 얻는 행운을 누렸습니다.

지금, 이 순간도 블록체인의 혁명적인 철학 개념을 근간으로 산업 전반에 걸쳐 혁신을 일으키는 비즈니스 모델이 등장하고 있습니다. 우리는 지금 혹시나 '어제의 전문가'가 되어 탁상머리 논쟁을 오늘도 반복하지는 않나 하는 반성을 하는 계기를 만났습니다.

『가상화폐 기본도 모르고 할 뻔했다』의 저서에서 '앞으로 대중화에 성공할 가상화폐의 조건은 무엇인가요?'란 질문에 실물 생산 기능이 있는 플랫폼 생태계의 기축통화 역할을 하는 코인이 큰 성공을 거둘 것이라고 예상하는 답변을 했습니다. 생산 기능이 있는 프로토콜 플랫폼은 스스로 내적 가치 생산 기능이 있어 코인의 가치를 높이는 속도가 다른 플랫폼에 비해 성장 속도가 빠를 것은 자명합니다.

DeFi 3.0 시대를 누구나 안전하게 들어갈 수 있는 문을 열어젖힌다는 목표 아래 'WebKey'라는 프로젝트가 2024년 11월에 드디어 대중에게 모습을 드러내고 폭발적 성장을 하고 있습니다. WebKey가 만들어가는 세상의 크기가 너무나 커서 쉽게 일반 대중의 눈에 들어오지 않습니다. 쉽게 한마디로 설명하기도 어렵습니다.

노자의 도덕경에 "올바른 도는 너무나 커서 정형화된 틀이 없어서 한마디로 도는 이렇다 하고 쉽게 정의 내릴 수 없다."라는 내용이 나옵니다. 도를 얘기했을 때 일반인들이 박장대소하며 비웃는 도라야 큰 도라고 합니다. 노벨 경제학상을 수상한 폴 크루그먼은 1998년에 '2005년이 되면 인터넷이 경제에 미친 영향이 팩스 기기보다 대단하지 않다는 사실이 분명해질 것'이라고 했습니다. 대한민국의 유명한 학자들 대부분이 비트코인을 사기라고 주장했습니다. 2017년도 JTBC의 손석희 대담은 그것을 여실히 보여줬습니다.

　애플의 스티브 잡스가 "누구나 쉽게 사용할 수 있고 언제 어디서나 인터넷을 마음껏 쓸 수 있는 휴대전화를 만들겠다."고 선언하자, 당시 세계 최고의 휴대전화 제조사인 노키아의 하우스 부오 회장은 "휴대전화의 기준은 노키아다."라고 잡스의 말을 한마디로 무시했습니다. WebKey 프로젝트를 남에게 얘기했을 때 박장대소하며 눈이 둥그레지며 쳐다보지 않으면 WebKey는 혁신적이지 않다는 뜻입니다.

　디지털 문명의 발달사를 추적하고 지금의 블록체인 혁명의 진행 상황을 통석하여 미래 문명의 방향을 예측하는 열린 지평을 갖도록 필자는 글을 쓰려고 하며 독자들이 마지막 페이지를 넘길 때 머릿속에 선명한 이미지가 그려지기를 희망합니다.

우리 독자들에게 WebKey와 같은 비즈니스 모델이 세상에 나올 수밖에 없고 그것이 가져오는 아름다운 세상이 어떤 것이고 우리 일반 대중 독자에게 어떤 의미가 있는지를 안내할 필요가 있다고 생각했습니다. 그것이 책을 쓰는 수고를 덮고도 남아서 또다시 글을 쓰게 되었습니다.

우리는 분명 천국의 세계, 극락의 세계로 나가야 합니다. 그 세계로 나가는 유일한 길은 나 자신이 그 다리를 놓으면서 가는 것입니다. 혼자 놓는 다리보다 우리가 함께 놓는 다리가 더 안전하고 빨리 건설될 것이 분명합니다.

박문식

차례

PART 1
Web 3.0 세상의 진입점을 창조한 WebKey 프로젝트

Web 2.0과 Web 3.0의 사이, 우리는 지금 어디쯤 있을까? *21*

What is WebKey? *25*

    WebKey의 핵심 개념 / 혁신적인 기술과 크로스 체인 역량 / 디지털 정체성과 사회적 구성 / 권리와 경제적 인센티브 / 웹키 권한 / 보안 및 개인 정보 보호 / 글로벌 생산 및 시장 확장 / 미래 전망

웹키를 이해하지 못하면
BTC, ETH를 이해하지 못한 우를 반복하는 것이다 *43*

왜 WebKey 프로젝트를 시작하였는가? *53*

WebKey의 목표는?   *59*

WebKey의 비전 달성을 위해 어떤 기술이
개발되었는가?   *63*

   올림푸스 다오에서 혜택을 받으려면? / 올림푸스 다오(Olym-pusDAO)가 어떤 문제를 해결하려고 하는가? / 올림푸스 다오는 어떻게 동작하는가? / WebKey Phone / WebKey OS / Mobile Stack / WebKey DApp

wKeyDAO 토큰의 가치 기반은 무엇인가?   *83*

   돈이란 무엇인가? / wKeyDAO 토큰의 신뢰 기반과 가치 구조 / wKeyDAO 토큰이 가치를 지니는 이유 / 웹키 프로젝트의 대외적 신뢰성 검증은?

레퍼럴 마케팅과 다단계 마케팅의 차이점   *87*

PART 2
올림푸스 다오의 경제모델 이해하기

올림푸스 다오란 무엇인가?   *93*

어떤 문제를 해결하고 무엇을 목적으로 하였는가?   *97*

어떻게 작동하며 어떤 결과를 예상하였는가?   *100*

지금까지의 결과와 전망   *102*

PART 3
세상을 바꾸겠다고 주장하는 사람들을 주목하라

천국과 극락은 우리가 만들어가는 세계 *106*

세상을 바꾼 사람들 *110*
　스티브 잡스와 아이폰의 혁명 / 구글 / 테슬라

세상을 바꾸려면? *115*
　인간이 세상을 바꾸는 방식

바뀌는 세상을 예측하기 *118*
　인터넷 문명의 흐름에서 본 변화의 방식 / 앱스토어, 새로운 플랫폼의 등장

PART 4
지금 세상은 어떠한가?

디지털 문명의 발전 방향을 예측하는 방법 *124*
　시대의 정신을 간파하기 / 가장 아름다운 미래를 상상하기 / 실천적 통찰: 스티브 잡스와 일론 머스크의 사례 / 다음은 블록체인?

블록체인으로 바뀔 세상 예측해 보기 *127*

블록체인의 기초개념 간략히 익히기 / 블록체인과 인터넷의 근본적 차이 / 블록체인의 기반 기술을 응용한 금융 산업 사례 보기

돈에 대한 고정관념 깨부수기   139

돈이란 무엇인가? / 비트코인은 무엇인가? / 눈에 보이지 않는 돈의 시대

DeFi 개념 발전 과정   144

PART 5
WebKey가 만들어가는 세상 들어가기

모두를 위한 Web 3.0의 문을 열다   148

WebKey는 지금 세상을 어떻게 보는가?
– DeFi 금융 발전사 둘러보기   150

DeFi의 특징

Web 3.0폰 발전 엿보기   156

Web 3.0폰의 현재와 웹키의 전략적 역할

WebKey가 꿈꾸는 세상은 문명의 발전 방향과 맞는가?   178

WebKey 무엇을 위해 시작했나? / WebKey는 어떤 문제를 발견하고 해결하려 하였는가?

세상을 바꾸는 WebKey의 이론과 기술은 있는가?   *186*

   WebKey는 DeFi 3.0이다 / WebKey phone은 진정한 DePIN이다

세상을 바꾸는 WebKey의 전략과 전술   *191*

WebKey 세상이 완성되면 어떤 모습일까?   *193*

WebKey 프로젝트의 해결책   *196*

   쉽고 안전한 Web 3.0 게이트웨이 / Anubi Webkey-Web3 DePIN 기술 기반의 생태계 애플리케이션 시스템 / WebKey의 접근성 혁신 / WebKey의 혁신이 만드는 Web3의 미래

WebKey의 주요 수익 모델   *200*

   스테이킹 / 유동성 채권 / 스테이블 채권

레퍼럴 기초 가이드   *211*

DAO 리워드   *219*

Q&A   *223-249*

Q1   WebKey는 어떻게 많은 보상을 줄 수 있는가?

Q2   삼성이나 애플 등 스마트폰 전문 대기업에서 만들면 경쟁력이 있나?

Q3   WebKey가 얼마나 오래 갈까?

Q4 사가(Saga)폰, 코랄(Coral)폰 등 다른 Web 3.0폰에 비해 Webkey Phone 판매 초점은?

Q5 왜 업비트, 바이낸스 등 CEX 거래소에 상장이 안 되어 있나?

Q6 다단계 아닌가?

Q7 더 좋은 DeFi가 나오면 어떻게 하나?

Q8 WebKey는 왜 DePIN에 집중할까?

Q9 메인넷이 있는가?

Q10 wKeyDAO 가격 폭락이 발생하지 않는 이유는?

Q11 순간적으로 가격변동폭이 큰 이유는? DEX거래소의 특징은?

Q12 듀얼코인 시스템은 무엇인가?

Q13 조직(Organization)이란 무엇인가?

추천사

PART 1

Web 3.0 세상의 진입점을 창조한 WebKey 프로젝트

PART 1 목적은 바쁜 일상에서도 WebKey 프로젝트의 핵심 개념을 빠르게 파악할 수 있도록 강의하듯 압축적으로 설명하는 데 있습니다. 이 장만 읽어도 WebKey가 어떤 철학과 목표를 지닌 프로젝트인지 기본 틀을 이해하도록 구성했습니다. 더 깊은 기술적 설명과 배경 개념은 PART 5에서 다루어질 예정입니다.

본론에 들어가기에 앞서 우리는 지금 문명의 어느 지점에 서 있는지를 먼저 정확히 인식해야 합니다. 현재 우리의 위치, 그리고 우리가 향하는 방향과 그 이유까지도 명확히 파악해야 합니다. 이러한 사유의 흐름 속에서 WebKey의 필요성과 가치를 이해하는 사고의 기반이 마련됩니다.

Web 2.0과 Web 3.0의 사이, 우리는 지금 어디쯤 있을까?

왜 세상은 변할까요?

답은 단순합니다. 세상을 만들어가는 주체가 바로 '인간'이기 때문입니다.

인류의 역사는 인간의 존엄성을 높이고 그것을 지키며 확장하는 방향으로 끊임없이 발전해 왔습니다. 앞으로도 그 방향은 변하지 않을 것입니다. 지금, 이 순간에도 수많은 지구인이 살아가는 Web 2.0의 세상은 여전히 불편함을 안고 있습니다. 이런 불편을 해소하려는 움직임은 필연적이며, 그 흐름 속에서 사토시 나카모토는 비트코인과 블록체인을 통해 새로운 문을 열었습니다. 이어서 비탈릭 부테린은 스마트 콘트랙트 기술을 개발함으로써 Web 3.0이라는 다음 단계로 세계를 질주하게 했습니다.

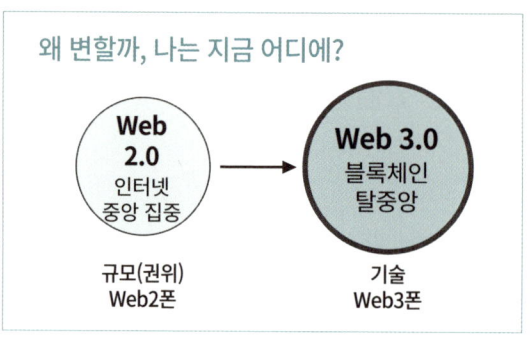

그렇다면 이제 우리는 물어봐야 합니다.

우리는 지금, 이 변화의 여정 속에서 과연 어디쯤 와 있을까요?

Web 2.0과 Web 3.0의 사이, 우리는 지금 어디쯤 있을까? 사람마다 바라보는 기준은 다르겠지만, 필자는 지금 우리가 Web 3.0 시대의 중간 지점에 이르렀다고 생각합니다. 그 전환의 기준점이 바로 2024년 11월 7일, WebKey 프로젝트가 세상에 등장한 순간입니다. 앞으로 세상은 이 중간 지점에서 Web 3.0의 완성 단계로 빠르게 나아갈 것입니다. 이 책을 끝까지 읽은 후, 독자 여러분은 과연 어떤 판단을 내리실지 궁금합니다.

Web 2.0 시대, 신뢰는 '규모'와 '권위'에 근거한다.

우리는 오랫동안 규모가 크거나 권위 있는 조직이 만든 제품에만 신뢰를 부여해 왔습니다. 예를 들어, 스마트폰은 애플이나 삼성이 만들어야 믿을 수 있다고 생각합니다. 화폐 역시 중앙은행이나 시중은행이 발행해야 한다는 고정관념이 우리 몸에 자연스럽게 새겨져 있습니다.

2007년, 스티브 잡스가 아이폰을 처음 발표했을 당시만 해도 대부분 사람은 휴대전화는 노키아나 모토로라 같은 기존 제조사가 만드는 것이 맞다고 생각했습니다. 애플은 당시 휴대전화 시장에서 보잘것없는 풋내기였습니다. 하지만 지금은 어떤가요?

2008년, 비트코인이 처음 등장했을 때도 마찬가지였습니다. 누구도 그것이 '진짜 돈'이 될 거라고 믿지 않았습니다. 지금은 대부분 사람이 비트코인을 하나의 자산이자, 통화로 인정하지만 막상 설명하려고 하면 입이 막히고 당황합니다. 그만큼 비트코인은 이미 '현실'이 되어버렸고 우리는 그것에 익숙해져 버린 것입니다.

Web 2.0과 Web 3.0은 본질적으로 다르다.

이 두 시대는 세상을 움직이는 근본 기술 자체가 다릅니다. 그에 따라 인간의 사고방식, 경제 구조, 돈을 버는 방법까지 완전히 달라집니다. 그래서 우리는 시대를 구분하며 각각의 이름을 붙이는 것입니다.

Web 3.0 시대는 '기술'에 기반한 신뢰가 중심입니다. 스마트 콘트랙트를 통해 작동되는 DAO(탈중앙 자율형 조직)가 전통적인 회사를 대신할 것입니다. 누군가 "대표이사도 없는 조직이 무슨 일을 할 수 있겠는가?"라며 의심하겠지만, 이미 그 가능성은 여러 프로젝트를 통해 검증되었습니다. DAO는 훨씬 더 민주적이면서 생산적인 운영 방식을 보여줍니다.

스마트폰도 시대와 함께 바뀌어야 한다.

Web 2.0 시대의 중심에 있었던 스마트폰도 Web 3.0 시대에 걸맞은 형태로 변화해야 합니다. 아이폰과 갤럭시가 스스로 변화를 선택하든, 또는 전혀 다른 새로운 기업이 Web 3.0폰을 완성하든 이 흐름은 거스를 수 없습니다.

그 변화의 서막은 이미 시작되었고 WebKey폰의 기술과 유용성은 점차 검증되고 있습니다. Web 2.0의 완성은 아이폰이 이루었다면 Web 3.0 시대의 본격적인 문을 여는 열쇠는 WebKey폰이 쥐고 있습니다.

What is WebKey?

디지털 혁명의 물결 속에서 블록체인 기술은 혁신을 선도하며 세계 경제와 사회 구조를 미래로 이끌고 있습니다. 4차 산업 혁명의 가속화와 함께 Web 3.0은 차세대 인터넷의 핵심 동력으로 부상하고 있습니다. Web 3.0은 개방적이고 투명하며 탈중앙화된 디지털 네트워크 공간을 구축하여 정보 흐름의 방식을 변화시킬 뿐만 아니라 사용자 참여와 통제를 재정의할 것을 약속합니다. 이러한 중요한 시점에 아누비 재단은 단순한 혁신적인 기술 제품이 아니라 미래 인터넷으로 향하는 다리 역할을 하는 WebKey를 선보입니다. WebKey는 각 사용자에게 권한과 통제를 분산시킴으로써 심오한 사회 변화를 예고합니다.

WebKey는 최첨단 블록체인 기술, 인공지능, 그리고 크로스 체인 기능을 통합하여 현실 세계와 디지털 경제 간의 완벽한 인터페이스를 제공합니다. 이는 경제적 자율성, 데이터 주권, 그리고 네트워크 자유를 향한 전 세계적인 노력을 상징하는 중요한 기술적 도약을 의미합니다. 이 플랫폼을 통해 사용자는 기존의 금융 및 정치 중개 기관에 의존하지 않고도 자신의 데이터와 자산을 통제하고 전 세계적으로 가치와 서비스를 자유롭게 교환할 수 있습니다.

WebKey의 디자인 철학은 현재 인터넷 구조와 미래 전망에 대한 깊은 성찰에서 비롯됩니다. 현재 Web 2.0 시대에는 기술 발전으로 데이터와 정보 공유가 매우 편리해졌지만, 사용자의 데이터 통제권은 거대 기술 기업들이 독점하고 있습니다. Web 3.0의 비전은 이러한 모델을 타파하고 블록체인 기술의 불변성과 투명성을 통해 사용자가 자신의 디지털 신원과 데이터를 완전히 소유하고 통제할 수 있도록 하는 것입니다. 이러한 비전을 구현한 웹키는 사용자를 단순한 정보 제공자가 아닌 가치 네트워크의 주권적 주체로 만들어 줍니다.

또한, WebKey는 Web 3.0 생태계의 사용자 친화성 문제를 해결하는 것을 목표로 합니다. 블록체인과 탈중앙화 애플리케이션(DApp)이 제공하는 잠재적 이점에도 불구하고 일반 사용자는 높은 기술 장벽으로 인해 어려움을 겪는 경우가 많습니다. WebKey는 통합적이고 간소화된 사용자 인터페이스를 제공하여 기술 지식이 없는 사용자도 금융, 소셜, 엔터테인먼트 등 다양한 탈중앙화 서비스에 쉽게 접근하고 사용할 수 있도록 지원합니다. 이를 통해 Web 3.0의 사용자 기반이 크게 확대되어 기존 사용자에게 전례 없는 디지털 경험과 경제적 기회를 제공합니다.

　WebKey가 더욱 널리 보급되고 블록체인 기술이 발전함에 따라 우리는 더욱 탈중앙화되고 민주적인 디지털 미래를 예측합니다. 이러한 미래에는 누구나 개인 정보 유출이나 신원 도용에 대한 걱정 없이 디지털 세계에서 자유롭게 표현하고, 거래하고, 소통할 수 있습니다. 아누비 재단은 이 기술의 도입과 적용을 촉진함으로써 WebKey가 사회 진보를 촉진하는 데 중요한 역할을 할 것이라고 믿습니다.

WebKey의 핵심 개념

WebKey의 핵심 개념은 누구나 Web 3.0의 무한한 잠재력에 쉽게 접근하고 활용하도록 포괄적이고 개방적인 게이트웨이를 구축하는 것입니다. WebKey는 단순한 스마트 기기가 아니라 첨단 블록체인 네트워크, 최첨단 AI 서비스, 그리고 광범위한 Web 3.0 애플리케이션 생태계를 통합하는 포괄적인 통합 플랫폼입니다. WebKey는 사용자 친화적인 인터페이스를 제공하여 기술 지식이 없는 사용자도 글로벌 탈중앙화 애플리케이션(DApp), 스마트 콘트랙트, 그리고 다양한 블록체인 서비스에 쉽게 접근하고 활용하도록 함으로써 현재 Web 3.0 생태계에 존재하는 높은 기술적 장벽을 해소하는 것을 목표로 합니다.

　WebKey의 차별점은 이더리움, BSC, 솔라나 등 다양한 주류 블록체인 네트워크 지원과 크로스 체인 운영 기능을 포함하여 Web 3.0 기술과의 포괄적인 통합 기능입니다. 이를 통해 사용자는 다양한 블록체인 기술

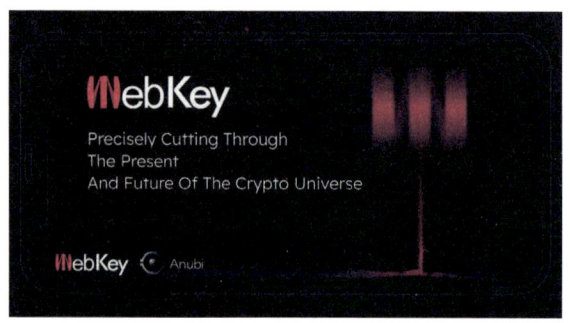

간에 원활하게 상호 작용하고 거래할 수 있습니다. 또한, WebKey에 내장된 AI 기반 스마트 어시스턴트는 사용자의 자산 관리를 지원하고 안전한 거래 조언을 제공하며 대규모 데이터 분석을 기반으로 시장 동향을 예측합니다.

WebKey는 디지털 자유를 보장하는 동시에 사용자 데이터 보안 및 개인정보 보호를 최우선으로 생각합니다. 이 기기는 군사 등급의 암호화 기술을 사용하여 사용자 개인정보 및 거래 데이터를 보호하고 모든 데이터 전송의 보안을 보장합니다. 스마트 계약은 안전한 환경에서 실행되어 잠재적인 보안 위협을 줄입니다. 특히 WebKey는 분산형 신원 확인 시스템을 사용하여 사용자에게 디지털 신원에 대한 완전한 통제권을 부여하고 언제, 어떻게, 누구와 개인정보를 공유할지 스스로 결정할 수 있도록 지원합니다.

또한, WebKey는 커뮤니티 참여와 협업을 장려합니다. 사용자는 생태계 거버넌스에 참여하고 WebKey의 향후 개발 방향과 생태계 내 다양한 제안에 투표할 수 있습니다.

혁신적인 기술과 크로스 체인 역량

WebKey의 기술 혁신은 고급 크로스 체인 기능을 통해 단일 기능을 넘어 여러 블록체인 네트워크 간의 사용자 상호작용을 혁신적으로 변화시킵니다. 디지털 자산 관리 또는 블록체인 애플리케이션 사용 측면에서 WebKey는 다중체인 상호운용성을 구현하여 통합되고 원활한 인터페이스를 제공합니다. 즉, 사용자는 단일 기기를 통해 이더리움, BSC, 솔라나 또는 지원되는 모든 블록체인의 자산에 접근하고 관리할 수 있으며, 복잡한 운영을 크게 간소화하고 여러 블록체인 간 자산 전송과 관련된 높은 비용과 지연을 제거합니다.

WebKey의 크로스 체인 기술은 단순한 브릿징 도구가 아니라 자동 스마트 계약 변환과 최적화된 노드 통신을 아우르는 심층적으로 통합되고 최적화된 시스템입니다. 예를 들어, WebKey 장치는 서로 다른 체인 간의 스마트 계약 호출을 자동으로 식별하고 변환하여 사용자 개입이나 기본 기술 세부 사항 이해 없이도 블록체인 간의 원활한 상호작용을 가능하게 합니다. 또한, WebKey는 처음부터 생태계 호환성을 염두에 두고 설계되었습니다. 개방형 표준 및 프로토콜을 지원하고 주요 블록체인 생태계 개발자 커뮤니티와 긴밀히 협력함으로써 WebKey는 크로스 체인 기능이 현재 널리 사용되는 블록체인 네트워크를 지원하고 새로운 블록체인에 신속하게 적응할 수 있도록 보장합니다.

이러한 미래 지향적인 디자인 철학은 WebKey를 단순한 제품이 아닌 블록체인 기술 발전을 통해 끊임없이 진화하는 플랫폼으로 만듭니다.

WebKey의 크로스 체인 기능은 Web 3.0 세계에 진입하는 비전문가의 기술적 장벽을 크게 낮춰줍니다. 기존에는 멀티 체인 운영에 다양한 블록체인 운영 특성 이해, 여러 지갑 및 키 관리, 복잡한 거래 확인 절차 처리 등 고도의 기술력이 필요했습니다. WebKey는 이러한 복잡성을 해소하는 통합적이고 사용자 친화적인 인터페이스를 제공하여 사용자가 기존 인터넷 애플리케이션처럼 디지털 자산을 관리하고 블록체인 애플리케이션을 쉽게 사용할 수 있도록 지원합니다.

WebKey는 이 기술을 대중화함으로써 개인 사용자에게 이점을 제공하고 기업과 개발자에게 강력한 도구를 제공합니다. 기업은 WebKey의 크로스 체인 기능을 활용하여 공급망 관리를 최적화하고 자금 흐름의 투명성과 효율성을 높일 수 있으며 개발자는 단일 블록체인 네트워크에 얽매이지 않고 크로스 체인 애플리케이션을 더욱 쉽게 개발하고 배포하여 더 광범위한 사용자 기반에 도달할 수 있습니다.

디지털 정체성과 사회적 구성

Web 3.0 시대에 디지털 신원 개념은 기존 인증 방식을 넘어 새로운 디지털 생태계에서 사용자의 핵심적인 존재로 자리 잡았습니다. 웹키(WebKey) 기기의 '소울 ID(Soul ID)'는 단순한 신원 확인 수단이 아니라 사용자의 디지털 주권과 사회 참여를 상징합니다. 각 소울 ID는 고유하며 디지털 세계에서 사용자의 완전한 신원과 권리를 나타냅니다.

Soul ID는 고급 블록체인 기술을 사용하여 불변성과 완전한 사용자

제어를 보장합니다. 기존 디지털 신원 시스템과 달리 Soul ID는 사용자가 중앙 기관에 의존하지 않고 자신의 신원 및 관련 데이터를 자율적으로 관리할 수 있도록 합니다. 이러한 설계는 사용자 신원 정보가 더 이상 중앙 서버에 저장되지 않고 블록체인 네트워크에 분산되어 사용자만 정보에 접근하고 사용하게 하므로 보안 및 개인 정보 보호가 강화됩니다.

Soul ID를 기반으로 WebKey 사용자는 탈중앙화된 소규모 사회를 만들고 참여할 수 있습니다. 이러한 소규모 사회는 블록체인 기반 스마트 계약 플랫폼을 기반으로 운영되며 사용자는 외부 규제나 통제 없이 자유롭게 거래하고 교류하고 협업할 수 있습니다. 각 소규모 사회는 자체적인 규칙과 프로토콜을 설정할 수 있으며 구성원 간의 상호작용은 전적으로 합의와 신뢰에 기반합니다. 이러한 탈중앙화된 커뮤니티의 특징은 기술적 측면과 아울러 사회에 새로운 조직 형태를 가져옵니다. 전통적인 사회 구조와 비교했을 때 블록체인 기반 소규모 사회는 더욱 유연하고 적응력이 뛰어나 구성원의 요구와 환경 변화에 신속하게 대응할 수 있습니다. 또한, 지리적, 정치적 경계를 넘어 전 세계 사람들을 연결하여 가치를 창출하고 공유할 수 있습니다.

Soul ID는 기존 암호화폐 거래를 지원하고 새로운 유형의 디지털 상호작용을 가능하게 합니다. 사용자는 Soul ID를 사용하여 디지털 아트워크 구매, 저작권 거래, 심지어 복잡한 금융 파생상품 거래까지 할 수 있습니다. 이러한 모든 거래는 블록체인에 기록되어 투명성과 추적성을 보장합니다.

아누비 재단은 WebKey와 Soul ID를 통해 단순한 기술 제품을 제공하는 데 그치지 않고 사회·경제적 혁신 운동을 주도합니다. Web 3.0 세계로 나아가는 다리 역할을 하는 Soul ID는 사람들의 상호작용 방식을 변화시키고 사회 조직과 경제 활동의 본질을 재정의합니다. 디지털 신원이 주도하는 이 새로운 시대에서 우리 각자는 운명의 주인으로서 탈중앙화되고 개방적이며 혁신적인 디지털 미래를 함께 만들어갈 것입니다.

권리와 경제적 인센티브

확장되는 Web3 경제 체제에서 웹키(WebKey)는 기존 스마트 기기의 기능적 위치를 넘어 사용자가 이 새로운 디지털 생태계에 접근하는 중요한 관문이 됩니다. 이 기기는 사용자가 분산형 네트워크 리소스에 접근할 수 있는 물리적 인터페이스 역할을 할 뿐만 아니라 블록체인 기술을 심층적으로 통합하여 그 경제적 잠재력을 최대한 실현하고 사용자에게 디지털 경제 성장에 참여할 수 있는 광범위한 권리를 부여합니다. 이 혁신적인 모델은 기존 기기를 단순한 소비재에서 경제 활동 플랫폼으로 탈바꿈시켜 사용자의 직접적인 참여를 촉진하고 디지털 자산 성장, 거래 및 관리의 혜택을 누릴 수 있는 핵심 도구로 자리매김합니다.

웹키 권한

각 기기에는 플랫폼 에어드롭 토큰이 미리 로드되어 있으며 거래소 상장 전에 잠겨 있고 일부 토큰은 글로벌 트래픽 배당금과 작업 시스템을 통해 조기에 출시됩니다.

① 재단 생태계 파트너로부터 에어드롭을 받습니다.
② 런처를 통해 런칭 프로젝트로부터 에어드롭 관련 권리를 얻습니다.
③ 간편한 참여를 위한 내장 플랫폼과 AI 검색 엔진을 플러그인합니다.
④ 나중에 Web 3.0 Store 앱스토어를 통해 더 많은 애플리케이션 권한을 얻습니다.
⑤ 에이전시 판매 시스템을 통해 노드 판매권을 획득합니다.
⑥ 길드를 결성하여 플랫폼 노드 데이터 배당금(광고 수익(Web 2.0/Web 3.0), 기기 판매 수익,시장 가치 배당금)을 획득합니다.
⑦ 불규칙적인 블라인드 박스 활동 보상과 FOMO 3D 보상을 받습니다.
⑧ 각 장치에는 플랫폼 거버넌스 권한(향후 의사 결정 및 프리미엄 프로젝트 목록 투표)이 있습니다.
⑨ AIGC 블록체인 검색 엔진, 개인 소셜, 블록체인 게임, Web 3.0 지갑, 생체 인식 하드웨어 지갑 등의 확장 기능을 즐깁니다.
⑩ 마스터 레벨 장치에는 GPU 칩이 내장되어 있어 소프트웨어 프로토콜을 통해 다른 토큰을 생성합니다.

이 모델을 통해 WebKey는 기본적인 기술적 요구를 충족할 뿐만 아니라 사용자의 경제 참여 채널을 확장합니다. 사용자는 WebKey를 통해 디지털 신원과 자산을 관리하고 글로벌 탈중앙화 금융 서비스의 혜택을 직접 누릴 수 있습니다. WebKey의 설계 철학은 블록체인의 탈중앙화와 투명성을 일상적인 기기 사용에 접목하여 암호화폐 투자, 스마트 계약 실행, 디지털 자산 거래 등 다양한 경제 활동에 안정적이고 효율적인 접근 지점을 제공하는 것입니다.

또한, WebKey는 생태계 구축 및 유지에 대한 사용자 참여를 장려합니다. 에어드롭 토큰부터 배당 시스템, 거버넌스 투표권까지 WebKey는 다양한 참여 방식을 제공하여 사용자가 생태계 성장에서 실질적인 혜택을 얻을 수 있도록 보장합니다. 이러한 경제적 인센티브 메커니즘은 사용자 참여도와 기기 활용도를 높일 뿐만 아니라 전체 Web 3.0 생태계의 건전한 발전을 촉진합니다.

보안 및 개인 정보 보호

디지털 시대에 데이터 보안과 개인정보 보호는 사용자의 주요 관심사이며 특히 광범위한 Web 3.0 애플리케이션과 서비스가 포함된 환경에서 더욱 그렇습니다. WebKey는 설립 초기부터 보안과 개인정보 보호를 최우선으로 생각하며 사용자가 안심하고 기기를 사용할 수 있도록 혁신적이고 포괄적인 조치를 시행해 왔습니다.

고급 암호화 기술: WebKey는 대칭 및 비대칭 암호화를 포함한 업계 최고의 암호화 기술을 사용하여 모든 사용자 데이터를 전송 및 저장 중에 안전하게 보호합니다. AES-256 및 RSA-2048과 같은 고급 암호화 알고리즘을 사용하여 데이터 가로채기 및 변조를 효과적으로 방지합니다. 또한, 모든 기기에는 암호화 키와 중요 정보를 안전하게 저장하는 보안 칩이 장착되어 있어 물리적 접근 중에도 사용자 데이터가 손상되지 않도록 보호합니다.

포괄적인 개인정보 보호: WebKey의 개인정보 보호 구성 요소에는 사용자 익명성과 개인정보 보호를 위한 포괄적인 도구와 프로토콜 세트가 포함되어 있습니다. 여기에는 개인정보를 공개하지 않고 거래 및 운영의 적법성을 검증하는 영지식 증명 기술이 포함됩니다. 또한 WebKey는 Tor 및 VPN과 같은 개인정보 보호 네트워크 및 보안 채널을 지원하여 사용자의 온라인 익명성을 더욱 강화합니다.

안전한 운영 환경: WebKey는 물리적 하드웨어 보안과 다 계층 소프트웨어 보호를 모두 아우르는 안전한 운영 환경을 사용자에게 제공합니다. 기기의 운영 체제는 하드웨어 격리 기술을 기반으로 하여 다양한 애

플리케이션의 권한을 효과적으로 격리하고 관리하여 악성코드 감염 및 데이터 유출을 방지합니다. 또한, WebKey의 운영 체제는 정기적으로 보안 업데이트 및 패치를 적용하여 기기가 최신 사이버 위협으로부터 안전하게 보호되도록 합니다.

데이터 접근 및 제어: WebKey는 사용자에게 데이터에 대한 완전한 제어권을 제공하여 어떤 애플리케이션이 어떤 데이터에 접근할 수 있는지 독립적으로 결정할 수 있도록 합니다. 세밀한 권한 관리를 통해 사용자는 민감한 정보의 의도치 않은 유출에 대한 걱정 없이 데이터 공유 범위와 조건을 쉽게 설정하고 조정할 수 있습니다. 또한, WebKey는 상세한 데이터 접근 로그를 제공하여 사용자가 데이터 접근 내역을 검토하고 감사할 수 있도록 지원하여 투명성과 신뢰성을 높입니다. 이러한 첨단 보안 및 개인정보 보호 조치를 통해 WebKey는 Web 3.0에 접속하는 안전한 플랫폼을 제공할 뿐만 아니라, 사용자가 개인정보를 완벽하게 보호하면서 디지털 기술이 제공하는 편리함과 기회를 누릴 수 있도록 보장합니다. 디지털 혁신이 가속화됨에 따라 WebKey의 보안 혁신은 더욱 광범위한 애플리케이션 및 서비스 보안 관행의 기준을 제시할 것입니다.

글로벌 생산 및 시장 확장

WebKey의 제품이 끊임없이 발전하고 혁신을 거듭함에 따라 일본, 한국, 짐바브웨, 콩고, 태국, 나이지리아 등 여러 국가의 최고 제조업체 및 Transsion의 OEM 공장과 성공적으로 파트너십을 구축했습니다. 이러한 협력은 WebKey 제품의 높은 품질과 기술 발전을 보장할 뿐만 아니라 세계 시장 확장 전략의 탄탄한 기반을 마련해 줍니다. 이 제품은 2025년 7월 공식 출시되었으며 전 세계 사용자들이 이 혁신적인 기기를 통해 Web 3.0 생태계에 직접 접근하고 최첨단 디지털 기술이 제공하는 이점과 기회를 누리게 될 것입니다.

이러한 국제 협력을 통해 WebKey는 기술 선도뿐만 아니라 세계 시장에서의 적응력과 확장 잠재력을 입증합니다. 각 파트너사는 WebKey의 엄격한 생산 품질 및 공급망 효율성 기준을 충족하도록 엄선되었습니다. 이러한 전략적 파트너십을 통해 WebKey는 글로벌 제조 자원을 활용하고 생산 공정을 최적화하며 전 세계 소비자 수요에 맞춰 제품을 신속하게 출시할 수 있습니다.

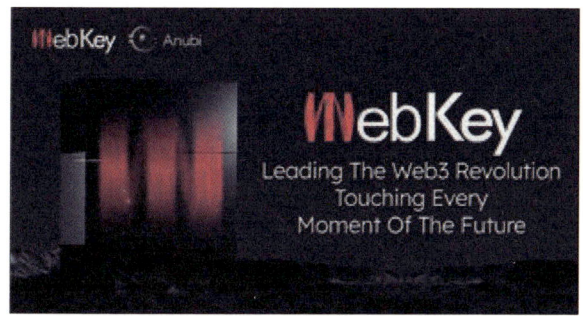

이러한 글로벌 생산 및 공급망 전략을 통해 WebKey는 다양한 시장 변화에 더욱 효과적으로 대응하고 각 지역의 시장 수요에 맞춰 생산 계획을 유연하게 조정할 수 있습니다. 이를 통해 WebKey의 시장 대응력을 강화할 뿐만 아니라 국제 경쟁력을 강화하여 사용자에게 더욱 빠르고 안

정적인 서비스를 제공할 수 있습니다.

또한, WebKey는 여러 국가의 제조업체와 협력하여 지역 경제 발전을 적극적으로 촉진하고 관련 산업 체인을 개선하며 일자리를 창출하고 경제 성장을 촉진합니다. 이러한 국경 간 협력 모델은 기술 교류의 가교이자 문화 및 경제 교류의 연결 고리 역할을 하며 세계화를 더욱 촉진합니다.

미래 전망

아래의 내용은 웹키가 세상에 정식으로 런칭되기 약 5개월 전인 2024년 6월 26일에 medium.com에 웹키 프로젝트팀에서 게재한 글을 번역한 것입니다.

WebKey의 출시는 기술 혁신의 이정표일 뿐만 아니라 사회 구조 변화의 중요한 단계이기도 합니다. 이 장치의 설계 및 구현은 전 세계 사용자, 특히 개발도상국 사용자들의 구체적인 요구를 고려하여 글로벌 디지털 경제에 동등하게 참여할 방법을 제공합니다. 이 간편하고 효율적인 장치를 통해 누구나 Web 3.0의 광범위한 리소스에 접근하고 활용할 수 있으며 블록체인 기술이 제공하는 부가 가치 서비스, 향상된 데이터 관리, 그리고 더 폭넓은 사회 참여의 혜택을 누릴 수 있습니다.

WebKey는 저렴하고 사용하기 쉬운 기기를 제공하여 전 세계 사용자가 빠르게 발전하는 Web 3.0 생태계에 접근할 수 있게 함으로써 기존의 디지털 격차를 해소하는 것을 목표로 합니다. 특히 자원이 부족한 지역에서 WebKey는 낮은 문턱의 기술 접근 솔루션을 통해 정보 자유와 경제적 기회의 문을 열어줍니다. 이러한 글로벌 디지털 포용 전략은 전 세계적으로 균형 잡힌 경제 발전을 촉진하고 불균등한 기술 발전으로 인한 사회·경제적 격차를 줄이는 데 이바지할 것입니다.

WebKey가 보편화되고 블록체인 기술이 더욱 깊이 자리 잡으면서 우리는 점진적으로 탈중앙화된 사회 구조를 예상합니다. 이러한 구조 속에서 모든 사람은 정보와 자원을 단순히 수신하는 것이 아니라, 이를 생성하고 결정하는 주체가 됩니다. WebKey는 사용자에게 데이터에 대한 완전한 통제권과 경제 활동에 참여할 권한을 부여함으로써 전통적인 권력과 경제 관계를 혁신하고 더욱 평등하고 민주적인 사회 거버넌스 방식을 촉진할 것입니다.

아누비 재단은 끊임없는 기술 혁신을 사회 진보의 핵심 동력이라고 굳게 믿습니다. WebKey는 지속적인 기술 개선을 통해 탈중앙화 금융(DeFi), 스마트 콘트랙트, 탈중앙화 신원 검증(DID) 등 더 많은 블록체인 혁신 애플리케이션을 도입하고 기기의 기능과 사용자 경험을 향상할 것입니다. 또한, WebKey는 글로벌 개발자, 기업 및 사용자 커뮤니티와의 긴밀한 협력을 통해 생태계를 지속적으로 개선하고 기술과 서비스가 증가하는 사용자 요구를 충족하도록 노력할 것입니다.

WebKey의 미래는 글로벌 디지털 발전과 함께합니다. 더 많은 산업과 서비스가 디지털 전환을 겪으면서 교육, 의료, 정부 서비스 및 기타 분야에서 WebKey의 잠재적 활용 가능성을 확대할 것입니다. 또한, 사회 및 기술 혁신을 주도하는 도구로서 WebKey의 광범위한 사용은 새로운 비즈니스 모델과 일자리 창출을 촉진하여 세계 경제의 변화와 발전을 가속할 것입니다.

WebKey는 이러한 포괄적이고 심층적인 개발 전략을 통해 디지털 세계를 연결하는 도구일 뿐만 아니라 미래 사회를 형성하는 중요한 원동력이 되어 우리를 더욱 자유롭고 공정하며 안전한 디지털 신시대를 열어갈 것입니다.

이 책을 펼치신 독자 여러분은 웹키가 세상에 등장한 지 약 1년이 지난 시점에 이를 접하고 계실 것입니다. 위의 내용은 웹키 개발팀이 연구를 거의 마무리한 단계에서 이를 통해 세상을 바꾸고자 했던 그들의 꿈과 출시 이후 1년 동안 웹키가 실제로 변화시켜 온 세계를 비교해 볼 수 있는 훌륭한 자료로 판단되어 그대로 수록하였습니다. 물론 Web 3.0폰의 대표주자가 될 CooperIII는 아직 대중에게 완전히 공개되지 않았지만 이상과 현실을 비교하는 데 충분히 의미 있는 기준이 될 것입니다. 나아가 현재의 모습과 대조하며 웹키가 앞으로 어떻게 미래를 변화시킬 수 있을지를 미리 상상해 보는 데도 좋은 출발점이 될 것으로 기대합니다.

WebKey는 DePIN 트랙에서 혁신적인 알고리즘 기반 유동성 풀을 통해 전 세계 사용자에게 Web 3.0 세계로의 진입점을 제공하는 유일한 플랫폼입니다. 이 문장은 WebKey의 정체성을 매우 정확하게 설명하고 있습니다. WebKey 프로젝트는 DePIN 기반의 WebKey 스마트폰과 DeFi 3.0 유동성 풀을 활용해 플랫폼을 완성해 나가고 있으며 그 플랫폼에서 사용자들의 데이터를 통해 생성된 가치를 공정하고 정의롭게 분배하는 것을 목표로 합니다.

WebKey 플랫폼은 인류 역사상 유례없는 전혀 새로운 형태의 플랫폼입니다. 그만큼 한눈에 이해하기는 쉽지 않지만 플랫폼을 구성하는 다양한 요소들이 정교한 기계처럼 유기적으로 연결되어 동작하고 있고, 이를 통해 높은 가치 생산 효율을 만들어내는 혁신적인 시스템임을 전제로 깊이 생각해 보면 충분히 이해할 수 있습니다.

WebKey 플랫폼은 단순히 올림푸스 다오(OlympusDAO)의 블록체인 금융 생태계와 Web 3.0 스마트폰인 WebKey폰을 병렬적으로 결합한 형태가 아닙니다. 각 요소가 화학적으로 융합되어 서로 유기적으로 작동하며 각각의 역할이 최대한 발휘될 수 있도록 재창조된 '완전히 새로운 하나'의 플랫폼입니다.

우선, 플랫폼이 무엇인지에 대해 짚어보면 이해가 쉬워집니다. 플랫폼은 '사람을 유무형의 공간에 끌어들이는 매력적인 그 어떤 것'으로 정의할 수 있습니다. Web 2.0 시대에는 페이스북, 구글, 애플 같은 플랫폼 기업들이 중심에 있었습니다. 플랫폼이라는 개념을 단순히 형성된 공간 자체로 설명하기보다는 그러한 공간이 만들어지게 된 '원인'으로서의 플랫폼을 바라보는 것이 더 깊은 이해를 가능하게 합니다.

제가 어린 시절, 명절이 되면 서울역에 길게 줄을 선 사람들의 풍경은 저녁 뉴스의 단골 소재였습니다. 고향행 열차표를 예매하기 위해 며칠씩 줄을 서던 모습은 아직도 선명히 기억납니다. 그때 열차표 예매 자체가 하나의 '플랫폼'이 되어 사람들을 끌어모았던 것이지요. 이제는 스마트폰 앱으로 간편하게 예약하고 출발 시간에 맞춰 바로 떠날 수 있게 되면서 서울역은 플랫폼으로서의 매력을 잃어버렸습니다.

구글의 플랫폼은 '매력적인 지식 검색', 애플은 '앱스토어'입니다. 반면 삼성은 구글의 플레이 스토어를 사용하기 때문에 자체 플랫폼을 보유하지 않았고 이에 따라 애플과의 주가 차이가 큽니다.

웹키를 이해하지 못하면
BTC, ETH를 이해하지 못한 우를 반복하는 것이다

      필자는 2016년 초 블록체인을 본격적으로 접하면서 이 기술이 인터넷보다 더 근본적이고 깊은 방식으로 세상을 바꿀 기반 기술이라는 확신을 갖게 되었습니다. 하지만 당시에는 비트코인이 지금처럼 막대한 가치를 지니게 될 것이라는 점까지는 통찰하지 못했습니다. 블록체인은 기술 그 자체로서 수단에 불과하다고 생각했고 속도가 느리고 여러 단점이 존재하는 비트코인 블록체인은 결국 더 빠르고 기능이 풍부한 다른 블록체인으로 대체될 것이라는 편협한 시각을 가졌기 때문입니다.

      이더리움(ETH)이 도입한 스마트 콘트랙트 기술은 정말 놀라운 혁신이었고, 이 역시 사회 구조를 획기적으로 변화시킬 기반 기술이라고 확신했습니다. 그러나 ETH의 가치가 이처럼 높아질 것이라고는 또 한 번 예상하지 못했습니다. 기술적 가능성은 분명히 인식했지만, 그로부터 돈을 벌어들이는 데는 결국 실패했던 것입니다.

필자가 돈을 벌지 못한 이유는 무엇일까요?

비트코인(BTC)과 이더리움(ETH)은 각각의 블록체인 플랫폼에서 기술이 확장되고 발전해 나가는 과정에서 단지 지불 수단의 역할을 합니다. 다양한 프로젝트들이 해당 블록체인을 기반으로 실행되고 그 기술을 이용하는 대가로 코인이 사용되는 것이죠.

하지만 코인의 가격은 급등락이 매우 심하여서 마음이 약한 일반 사용자들은 그 스트레스를 견디기 어렵습니다. 가격이 조금 오르면 곧 떨어질 것 같아 서둘러 팔고 급락하면 더 하락할까 봐 접근을 꺼리게 됩니다. 필자 역시 주머니 사정이 넉넉하지 않은 탓에 불확실한 미래에 대한 두려움으로 버텨내는 것이 어려웠습니다. 기술에 대한 확신은 있었지만, 그 코인들의 가격 변동성에 대한 감당 여력이 부족했던 것이 결국 돈을 벌지 못한 가장 큰 원인이었다고 판단하고 있습니다.

2025년 3월, 필자는 WebKey 프로젝트를 처음 접하게 되었고, 코인을 '주조'하는 블록체인 기반 금융 생태계를 처음으로 알게 되었습니다. 그 시초가 올림푸스 다오(OlympusDAO)라는 사실도 알게 되었습니다. 이를 이해하는 과정은 비트코인이나 이더리움의 블록체인 기술을 이해하는 것과는 또 다른 차원의 접근이 필요했습니다.

올림푸스 다오의 백서를 여러 번 읽고 관련 전문가들의 논문도 다수

접하면서 점차 이해가 깊어졌고 이 프로젝트가 '올바른 방향'이라고 확신하게 되었습니다. 물론 일반인이 올림푸스 다오의 온체인 금융 시스템을 완벽히 이해하기는 쉽지 않습니다. 그러나 시간이 흐른 지금, 4년이 지난 시점에서도 올림푸스 다오는 안정적으로 작동하고 있습니다.

한 TV 프로그램에서 탈북민이 남한 사람들은 은행에 돈을 맡긴다는 사실이 너무도 이상하게 느껴졌다고 한 적이 있습니다. 북한에서는 은행에 돈을 넣으면 마음대로 찾아가지 못하는 경우가 많아서 아예 처음부터 예금 자체를 꺼린다는 것입니다. 이는 '불신'에서 비롯된 현상입니다.

우리 역시 올림푸스 다오를 쉽게 받아들이지 못하는 이유는 스마트 콘트랙트라는 기술적 구조나 화폐 발생의 이익, 즉 '시뇨리지(seigniorage)'에 대한 이해 부족에서 비롯된 것입니다. 탈북민이 은행 시스템을 믿지 못하는 이유와 우리가 스마트 콘트랙트 기반 금융 시스템을 받아들이지 못하는 이유는 각각 다르지만, 결국은 '불신'이라는 공통된 감정에서 비롯된 단순한 오해일 뿐입니다.

필자가 감히 전망하건대, 향후 다양한 DePIN 개념의 프로젝트들이 등장하면서 올림푸스 다오의 DeFi 경제모델을 채택하는 사례가 점점 늘어날 것입니다. 이제 블록체인 응용 산업이 본격적으로 모습을 드러낼 시점이 온 것입니다.

인터넷의 발전 역시 처음에는 데이콤, KT 같은 기술 기업들이 주도했지만, 점차 포털 사이트나 아마존 같은 응용 서비스를 거쳐 결국엔 애플

인터넷 플랫폼 발전 단계

구분	기술기반	포털 플랫폼	응용산업	모바일 플랫폼
시기	1990년 초반	1990년 중반	1990년 후반	2007년 이후
특징/내용	데이터	검색 중심	상거래 플랫폼	앱스토어
대표 주체	KT 등 망사업자	야후, 구글	아마존, 이베이	플레이 스토어
	사이버 중심		+실물 산업	

이라는 완성형 생태계를 통해 문명의 절정을 이루게 되었습니다. 블록체인 또한 기술 기반에서 시작해 응용 산업으로 확장되며 새로운 문명적 전환점을 향해 나아가고 있는 것입니다.

블록체인 또한 인터넷 문명의 발전 과정과 유사한 경로를 밟고 있습니다. 비트코인, 이더리움, 솔라나, 폴리곤 등은 모두 블록체인 기술 플랫폼을 기반으로 한 코인들입니다. 이러한 기술들이 발전해 가는 과정에서 스테이블 코인의 발행과 DeFi 금융 시스템의 확장이 이루어졌으며 그 결과 올림푸스 다오와 같은 블록체인 응용 금융 생태계가 등장했습니다.

그리고 이제, WebKey와 같이 실물경제와 접목된 응용 산업의 출현을 통해 블록체인 문명의 최종 관문이 열리게 됩니다. 이것이 바로 Web 3.0 세계로 본격적으로 진입하는 전환점이라 할 수 있습니다.

WebKey 플랫폼을 정확히 이해하기 위해서는 올림푸스 다오의 경제 모델에 대한 깊은 이해, Web 3.0폰에 대한 통찰, 그리고 자신의 직관을 믿는 용기가 필요합니다. 이 순간을 놓친다면 또다시 새로운 비트코인이 등장하길 기다려야 하는 처지가 될지도 모릅니다.

블록체인 금융 플랫폼 발전 단계

기술기반	스테이블	DeFi 플랫폼	응용 실물 산업
2007년~	2015년~	2018년~	2024. 11~
BTC, ETH, XRP	USDT, USDC	DEX, OlympusDAO, Origin	Webkey, CoralApp

WebKey가 구축해 가는 핵심 수단 중 하나가 DeFi 금융 생태계이기 때문에 DeFi의 발전 과정을 시간순으로 정리해 보는 것은 매우 중요합니다.

블록체인 기반 금융은 2015년 이더리움이 스마트 콘트랙트(Smart Contract) 기술을 도입하면서 본격적으로 시작됩니다. 이 기술은 중앙집중형 금융 시스템에서 탈중앙화 금융(DeFi)의 가능성을 열었고 스마트 콘트랙트를 통해 인간 개입 없이 사전에 설정된 조건에 따라 자동으로 실행되는 탈중앙 자율조직(DAO)이 등장하며 완전히 새로운 비즈니스 생태계를 만들어냈습니다. 기존 패러다임으로는 상상하기 어려웠던 세계가 현실로 다가온 것입니다.

DeFi의 발전 흐름은 아래와 같이 정리할 수 있습니다.

① 탈중앙 거래소의 출현: 기존의 중앙화 거래소(CEX)의 문제점을 해결하기 위해 유니스왑(Uniswap)이 등장하며 탈중앙 거래소(DEX)의 시대가 열립니다.

② 온체인 금융 시스템의 탄생: 이어서 올림푸스 다오는 기존 금융 시

스템의 구조적 문제를 해결하고자 완전히 새로운 형태의 온체인 금융 생태계를 선보입니다. 현실 세계의 화폐 발행과 채굴 개념을 수학적 알고리즘으로 표현한 점에서 금융의 새로운 지평을 열었다고 평가받습니다.

물론 DEX 거래소도 이해하기 쉬운 개념은 아니지만, 올림푸스 다오의 시스템과 그것이 실제로 어떻게 작동하는지를 이해하는 것은 더욱 어려운 일입니다. 비트코인과 이더리움은 기술적 개념이기 때문에 "내가 기술을 몰라서 어렵다."라는 식으로 접근이 가능하지만 올림푸스 다오는 복잡한 구조와 시스템적 이해가 필요한 영역입니다.

결국 올림푸스 다오는 현실에서 안정적으로 작동함으로써 그 시스템이 '올바른 것'이라는 신뢰를 결과로 증명하고 있습니다. 이 흐름을 따라 올림푸스 다오를 하드포크한 Origin과 WebKey DeFi가 등장하게 되며 기존 온체인 금융 구조를 기반으로 각자의 목적에 맞게 시스템을 수정하여 사용하고 있습니다.

DeFi 발전 역사

Uniswap	OlympusDAO	Origin	WebKey
2018년	2021년 3월	2024년 2월	2024년 11월
DEX거래소 유동성 풀 유동성 공급자	bonding 담보 minting POL	web3형 탈중앙 금융 생태계 개인정보 생태계 POL	DeFi 3.0과 DePIN 의 통합으로 유일한 플랫폼
블록체인 금융 생태계			+실물 산업 생태계

올림푸스 다오를 압축적으로 이해하기 위한 하나의 정의는 다음과 같습니다. 올림푸스 다오는 한국의 '계모임'과 미국 연방준비제도(FED)의 화폐 발행 방식(시뇨리지)을 바탕으로 한, 현실 금융 시스템을 블록체인 기술과 스마트 콘트랙트 알고리즘을 통해 디지털 방식으로 재창조한 '온체인 금융 시스템'이라 할 수 있습니다.

한국의 계모임은 그 목적은 아름답지만, 결과적으로 정의롭게 마무리되기 어려운 경우가 많습니다. 목돈이 모이면 '견물생심'이 생겨나 계주가 개인적인 욕심이나 탐욕으로 인해 투자에 실패하거나 횡령 사건이 발생하기도 합니다. 올림푸스 다오에서는 이러한 계주의 역할을 스마트 콘트랙트 알고리즘이 대신하며 곗돈 납부를 코인 형태로 처리하고 언제든지 입출금이 가능한 시스템으로 설계되어 있습니다. 계원들의 수익 역시 납부한 코인을 기준으로 사전에 설정된 규칙에 따라 '주조'되며 참여자들은 이 원칙을 충분히 이해하고 동의한 상태에서 시스템에 참여합니다.

코인을 주조하는 규칙은 미국 연준의 달러 발행 방식과 유사합니다. 납부된 USDT는 금고에 담보금으로 보관되고 예치된 1달러에 대해 1개의 코인이 주조되는 방식입니다. 이 과정에서 발생하는 시뇨리지(발생 이익)는 스마트 콘트랙트 알고리즘에 따라 매일 참여자들에게 배분됩니다.

또한 코인의 가치는 1달러 이상의 가치를 담보한다는 원칙이 있으며, 거래소에서 급격한 가격 하락이 발생할 경우 담보금이 자동으로 동원되어 인공지능 알고리즘을 통해 가격을 안정시키는 보호 메커니즘도 갖추고 있습니다. 결국 올림푸스 다오 시스템은 시뇨리지를 모두 참여자에게 분배하기 때문에 누구도 손해를 보기 어렵게 설계된 정의로운 금융 생태계라 할 수 있습니다.

아래 그림이 보여주는 예처럼 DEX 거래소에서 OHM 코인이 한 개에 501달러에 거래가 되는 가격이라고 했을 때, 스테이킹에 들어오는 참여자는 501달러를 금고에 입금합니다. 그러면 프로토콜에 의해서 501개의 토큰이 발행되며 그중 한 개를 스테이커에 주고 나머지 500개는 시뇨리지입니다. 올림푸스 다오는 이 중 10%인 50개를 재단 운영비로 차감하고 나머지 450개의 시뇨리지를 참여자들에게 미리 정해진 규칙에 따라 스테이킹 들어온 사람들에게 정의롭게 분배됩니다. 워낙 투명하므로 의심의 여지가 없습니다. 결국 시뇨리지를 내가 모두 돌려받는다는 확신이 있습니다.

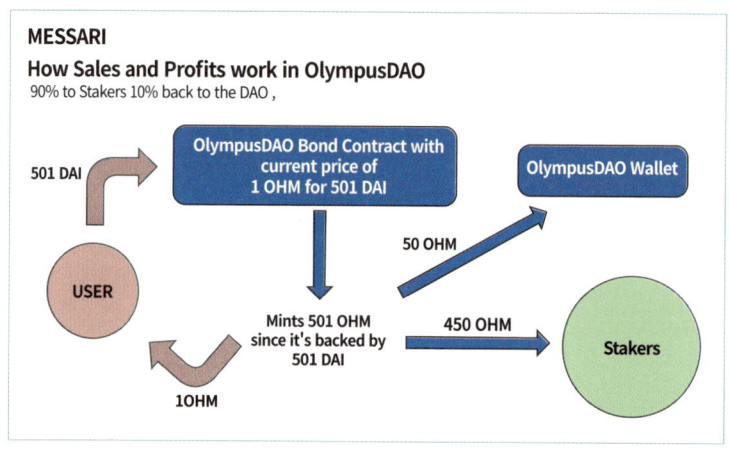

반면 현실 세계에서는 미국이 자국민에게만 시뇨리지 이익을 귀속시키는 시스템을 운용하고 있습니다. 미국이 100달러 지폐를 발행하면 주

조 이익이 99.8달러라고 합니다. 한국인이 정성껏 생산한 제품을 수출하고 받은 달러를 보유하게 되면, 연준의 달러 공급 증가로 인한 인플레이션의 피해는 한국인에게 고스란히 돌아갑니다. 이는 정의롭지 못한 현실 금융 시스템의 단면이라 할 수 있습니다.

WebKey DeFi는 올림푸스 다오의 금융 시스템을 하드포크하여 기반으로 삼되, 채권의 만기를 세분화하고 보상률(Rebase)을 낮게 설정하여 초창기 가격의 급등락을 효과적으로 방어하도록 설계되었습니다.

기존 DeFi와 본질적으로 다른 점은 DePIN 트랙에서 Web 3.0폰의 판매 효율성을 극대화하기 위해 DeFi 금융 시스템과 물리적인 스마트폰 플랫폼을 정교하게 유기적으로 결합했다는 점입니다. 이에 따라 완전히 새로운 형태의 금융 구조가 탄생했습니다.

WebKey DeFi는 자체적인 금융 시스템으로 작동함과 동시에 Web-Key Phone 플랫폼의 확장을 위한 현실 세계의 금융 인프라 기능을 수행합니다. WebKey의 DApp에서는 WebKey폰을 직접 구매할 수 있으며 레퍼럴 구조를 활용해 오픈 마켓에서 제품을 판매하듯이 수익이 발생하도록 설계되었습니다. 또한, WebKey Phone 구매 시 wKeyDAO의 네이티브 토큰을 100달러 상당 자동 스테이킹 하도록 구성되어 사용자들이 자연스럽게 WebKey의 온체인 금융 시스템에 유입되도록 설계된 것이 특징입니다.

즉, '따로 또 같이' 동작하면서 온체인 금융 시스템과 Web 3.0폰 플랫폼이 상호 보완적으로 상승 작용을 일으키는 구조는 실로 가늠하기 어려울 정도의 가능성을 지니고 있습니다.

우리의 가장 큰 실수는 포기하는 것이다. 성공을 위한 가장 확실한 길은 항상 '한 번 더' 시도하는 것이다.

– *Our greatest weakness lies in giving up. The most certain way to succeed is always to try just one more time.*

다음으로 반드시 이해해야 할 주제가 바로 Web 3.0폰, 즉 WebKey 폰입니다. 결론부터 말하자면 Web 2.0 시대의 정점을 애플의 iPhone이 완성했다면, Web 3.0 시대의 본격적인 진입점은 WebKey Phone(CooperⅢ)이 될 것이라고 단언할 수 있습니다.

왜 WebKey 프로젝트를 시작하였는가?

이 주제를 깊이 있게 이해하려면 먼저 애플이 왜 아이폰 개발이라는 도전을 시작했는지를 살펴보는 것이 좋습니다. 스티브 잡스는 '인터넷'이라는 위대한 문명 기술을 남녀노소 누구나 언제 어디서든 자유롭게 활용할 수 있는 방법은 없을까? 하는 고민에 사로잡혔습니다. 그는 기술의 본질이 인간의 존엄성을 높이고 삶의 질을 확장하는 데 있다는 확고한 믿음을 가지고 있었습니다.

당시 무선 휴대전화 시장이 본격적으로 열리고 있었으며 제한적인 수준에서나마 휴대전화를 통해 인터넷 서비스를 제공하는 흐름이 시작되고 있었습니다. 스티브 잡스는 이 흐름을 직관적으로 꿰뚫어 보고 그 제약을 넘어서 인류 문명을 한 단계 도약시킬 수 있는 플랫폼으로

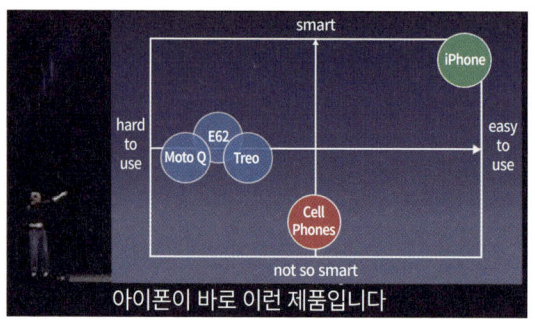

서의 아이폰을 구상한 것입니다.

위 사진은 2007년 1월 9일, 캘리포니아에서 열린 맥월드 콘퍼런스에서 스티브 잡스가 첫 번째 아이폰 출시를 발표하는 역사적인 순간을 보여주는 장면입니다.

이 흐름을 통찰한 스티브 잡스는 자신의 비전을 실현하기 위해 휴대전화가 노트북 만큼 똑똑한 능력을 갖춰야 하고, 3살 아이부터 80세 어르신까지 누구나 직관적으로 사용할 수 있을 만큼 쉽고 편리해야 한다는 기준을 세웠습니다. 그는 이 기준을 바탕으로 당시 '스마트폰'이라 불리던 유명 기업들의 제품들을 가리켜 '유아용 장난감 수준'이라고 평가하며, 기존 시장의 한계를 단호히 돌파하려는 도전을 시작한 것입니다.

당시 스마트폰 제조사들이 놀림을 받게 된 근본적인 이유는 모든 제품 하단에 일률적으로 고정되어 있던 '동작용 플라스틱 버튼' 때문이었다고 스티브 잡스는 진단했습니다. 실로 놀라운 통찰력이 아닐 수 없습니다. 아무도 상상하지 못했던 그 본질을 꿰뚫어 보았고 그것을 바탕으로 스마트폰 혁명을 일으킨 것입니다.

　기기를 동작하려면 버튼이 있어야 한다는 당연하게 여겨지던 상식을 완전히 무너뜨린 그의 발상은 지금 돌이켜봐도 전율이 느껴질 만큼 대담했습니다. 그 발표 영상은 필자가 수십 번 반복해서 볼 정도로 깊은 감동을 주었고 그 과정에서 필자는 중요한 깨달음을 얻었습니다.

　당시 필자는 궁금한 것이 하나 있었습니다. 삼성전자는 그 발표 직후 빠르게 스마트폰을 개발했는데, 왜 노키아나 모토로라는 같은 길을 가지 못하고 사라졌을까? 자금이나 기술의 문제는 아니었을 텐데…. 왜 그런 결과가 벌어졌을까?

　그 영상이 준 지혜는 너무도 컸기에 원효대사의 일화를 떠올렸습니다. 한밤중에 갈증을 느껴 물을 마시고 달콤하게 느꼈던 그것이 알고 보니 해골 속에 담긴 물이었다는 사실을 알고 '일체유심조'라는 진리를 얻었다는 이야기에서 힌트를 얻어서 위 영상에 '나의 해골 물'이라고 의미를 부여해 보았습니다.

　그렇게 깊은 철학을 담고 등장한 아이폰이 세상에서 곧바로 열광적으로 환영받았을까요? 그렇지 않았습니다. 진정한 혁명이란 스티브 잡스처럼 단 한 사람만이 처음에는 꿰뚫어 볼 수 있어야 가능한 것입니다. 누구나 쉽게 이해할 수 있는 일에는 결코 '큰돈'이 숨어 있지 않습니다.

아이폰의 미래에 대해 당시 비관적인 관점을 가졌던 유명 인물들 역시 존재합니다. 그들의 반응을 아래에서 확인할 수 있습니다.

마이크로소프트 CEO였던 스티브 발머

약정을 끼고 500달러라면 세상에서 가장 비싼 휴대전화겠다. 키보드도 없어 이메일을 보내기 불편할 텐데 비즈니스 고객들한테도 매력이 없다.
아이폰이 잘 팔릴지 실패할지는 모르겠지만, 우리는 우수한 운영체제와 앞으로의 전략을 가지고 있고, 모토로라 Q도 음악, 인터넷, 이메일, 문자메시지 등 다 되는데 99달러에 구할 수 있다.

노키아 CEO였던 올리 펙카 칼라스부오

2007년 당시 노키아 CEO 올리 펙카 칼라스부오(Olli-Pekka Kallasvuo)는 아이폰에 대해 오직 노키아만이 표준이며, 아이폰 같은 제품은 시장에서 통하지 않을 것이라고 말했다.

존 드보락

애플이 빠르게 변화하는 휴대폰 시장에서 경쟁할 수없으며 이 기기가 기존문제를 전혀 해결하지 못할 것이라고 주장하며 실패할 것이라고 예측했다. 심지어 애플이 '이 프로젝트'를 중단해야한다고까지 주장했다.

*차별화 부족: 경쟁이 치열한 시장에서 그저 하나의 기기일 뿐이면 눈에 띄지 못할 것.
*빠르게 변화하는 시장: 휴대폰 시장이 넘 빨리 변화해 애플이 경쟁에서 뒤처질 것.
*높은 가격책정: 보통 휴대폰에 비해 너무 높다.

그러면 이제부터 왜 웹키 프로젝트를 시작했을까? 하는 주제와 지금 현상과 그 현상 속에 숨은 어떤 문제로 인해서 웹키가 꿈꾸는 올바른 Web 3.0 세상으로 우린 쉽게 넘어가지 못하는가 하는 문제를 생각해 보겠습니다.

2008년 비트코인의 블록체인과 2015년 이더리움의 스마트 콘트랙트라는 위대한 기술의 출현으로 인해 Web 2.0 세상에서 Web 3.0 세상으로 급속히 이동하고 있습니다. 이전과는 완전히 다른 세상이 Web 3.0 세상입니다. 그래서 일반인들이 쉽게 이해할 수 없습니다.

Web 3.0 세상의 큰 특징 중 하나는 나의 정보를 이용해 가치를 생산해 내면 내가 그 가치를 차지할 수 있는 주인이 되는 길이 있다는 것입니다. Web 2.0은 그것이 불가능합니다. 내가 아무리 플레이 스토어를 많이 이용했다고 해서 구글이 나에게 보상을 줄 수 있는 방법이 없습니다. 기술적으로 불가능에 가깝다는 것입니다.

그런데 Web 3.0에서는 스마트 콘트랙트와 코인의 지불 수단이 있고 송금 비용이 아주 싸서 하루에도 몇 번씩 전송할 수 있습니다.

이미 나와 있는 블록체인 플랫폼들은 자원이 단편적이고 복잡하여 일반인들이 쉽게 접근하기 어려운 문제가 있습니다. 하지만 WebKey 프

> **왜 WebKey프로젝트를?**
>
> WebKey의 비전은 모든 사람에게 평등하고 자유로운 디지털 웹을 구축하여 개인 데이터가 창출하는 가치를 모든 사용자에게 돌려주는 것

로젝트는 웹키 회원으로 가입하여 Webkey Phone만 손에 들고 있으면 Web 3.0 세상에서 만들어내는 가치를 아름답고 공정하게 분배받을 수 있게 됩니다.

　마치 성경에 나오는 노아의 방주 같은 역할을 웹키 프로젝트가 하게 됩니다. 웹키 프로젝트에 탑승하는 사람 누구나 공평하고 아름답게 경제적 기회를 누릴 수 있습니다. WebKey는 단순한 도구가 아니라 전 세계 사용자가 Web 3.0 세계로 진입할 수 있는 관문 역할을 하며, 첨단 기술과 다양한 애플리케이션을 통해 사용자가 데이터 주권과 경제적 자율성을 확보할 수 있도록 지원합니다. 이것이 웹키의 목적이고 비전입니다.

WebKey의 목표는?

WebKey는 쉽고 안전한 Web 3.0 게이트웨이 제공을 목표로 하여 Web 3.0 시장의 주요 문제를 해결하고 사용자가 더 쉽게 Web 3.0에 접근할 수 있는 혁신적 기술과 서비스를 제공하고자 합니다.

- 보안성이 강화된 Web 3.0 환경 구축 → 사용자 자산 보호와 신뢰도 향상
- 사용자 친화적 인터페이스(UI/UX) 제공 → 간편한 Web 3.0 활용
- Web 2.0과 Web 3.0 간 원활한 연결 → 기존 Web 2.0 사용자의 자연스러운 Web 3.0 진입
- 비용 절감과 거래 효율성 개선 → 낮은 수수료와 빠른 거래 속도
- 교육과 인프라 지원 → 일반 사용자의 쉬운 이해와 참여 도모

> **WebKey 프로젝트의 목표는?**
>
> Web 2.0과 Web 3.0의 공동 개발에 더욱 호환되는 네트워크 인프라를 구축하고, 모바일 기기용 WebKey OS 개발 시스템을 구축하며, 전 세계 사용자에게 간편하고 안전하며 효율적인 Web3 게이트웨이를 제공하는 것을 목표로 한다.

WebKey는 Web 3.0의 대중화를 촉진하고 누구나 쉽고 안전하게 Web 3.0을 활용할 수 있는 환경을 조성하고자 합니다. 이를 통해 Web 3.0 기술을 널리 확산하고 글로벌 디지털 경제의 지속 가능한 발전을 이끌어갈 것입니다.

WebKey폰이 이처럼 대중 친화적이며 혁신을 이룩하려면 핵심은 무엇일까요?

WebKey 프로젝트는 Web 3.0폰 사용자의 불편을 초래하는 가장 근본적인 원인을 '통합 운영 체제(OS)의 부재'라고 진단했습니다. 이에 아누비 재단은 약 1억 달러를 투자해 2년간의 집중 연구 끝에 멀티 체인(Multi-Chain) 통합 운영 체제인 WebKeyOS를 개발하는 데 성공했습니다. 통합 OS의 중요성을 잘 보여주는 역사적인 사례가 하나 있습니다.

삼성 갤럭시폰의 운영 체제인 안드로이드는 2005년 젊은 개발자 앤디 루빈에 의해 만들어졌습니다. 당시 스마트폰 시장은 노키아, 모토로라 등 각각의 휴대전화기마다 운영 체제가 달라 앱 생태계가 제대로 활성화되지 못하던 상황이었습니다. 이런 문제를 해결하기 위해 앤디 루빈은

5명 규모의 개발팀을 이끌고 도전에 나섰고 결국 성공적으로 운영 체제를 완성하여 세상을 완전히 바꾸어 놓았습니다.

당시 그는 이 기술을 삼성에 먼저 제안했지만, 삼성은 이를 단번에 거절했습니다. 이후 구글이 약 500억 원에 인수한 이 일화는 지금도 유명합니다. 이 사례는 운영 체제(OS)의 가치를 얼마나 정확히 파악하기 어려운지를 잘 보여주는 예이기도 합니다.

Web 3.0폰 운영 체제(OS)의 중요성은 한국을 대표하는 블록체인 기술 기업인 LG CNS의 보고서에서도 명확하게 언급되고 있습니다.

통합 운영 체제가 완성되면 앱 개발자들의 불편함이 일시에 해결됩니다. 개발자들이 블록체인 별로 별도 앱을 개발하던 것을 멀티 체인 WebKey OS 하나에만 자기 앱을 최적화시키면 끝나기 때문입니다. 그 결과 WebKey는 경쟁력 있는 인기 앱들을 확보하고 이 앱들을 내려받기 위해 WebKey 앱스토어를 찾는 사용자들도 자연스럽게 늘어나게 됩니다.

> Web 2.0 시대에 스마트폰이라는 하드웨어와 모바일 앱이라는 소프트웨어가 모바일 세상을 여는 중요한 축으로 자리잡았습니다.
> Web 3.0 모바일을 제대로 활용하기 위한 웹 3.0의 핵심은 오픈 소스입니다. 모바일 운영체제는 구글과 애플의 양강 구도에서 벗어나 틈새 시장을 노려야 합니다. 물론 운영 체제를 만든다는 것은 하나의 생태계를 새로 만든다는 일이기 때문에 쉬운 일은 아닌데요.

즉, 플랫폼의 인지도가 높아지고 생태계가 강력해지며 WebKey 프로젝트는 막대한 수익을 창출할 수 있는 기반을 갖추게 되는 것입니다. 그리고 WebKey 프로젝트의 진정한 주인은 노드 운영자인 WebKey Phone 소유자와 스테이킹 참여자들입니다. 이들에게 주어지는 보상은 wKeyDAO 토큰의 리베이스(rebase)와 가치 상승을 통해 실현됩니다.

이와 같은 OS의 중요성은 2022년에 게재된 LG CNS의 블로그 보고서 "Web 3.0의 넥스트 레벨? 모바일에 달려있다." 에서도 잘 설명되어 있습니다. 이 책 153쪽에 보고서 전문이 실려 있으니 참고하시면 큰 도움이 되실 것입니다.

WebKey의 비전 달성을 위해 어떤 기술이 개발되었는가?

스티브 잡스는 아이폰 개발 당시 자기가 이루고자 하는 비전을 실현하려면 '플라스틱 동작 버튼'이라는 근본적인 문제를 반드시 제거해야 한다고 판단했습니다. 그 버튼이야말로 당대 스마트폰이 노트북만큼 스마트하지 못하고 사용의 불편성을 초래하는 근본적인 문제의 원인이었기 때문입니다.

하지만 그다음부터가 더 어려웠습니다. 지금까지는 기기를 작동시키기 위해 반드시 버튼이 필요하다는 것이 상식이었고 그 상식을 없애려면 완전히 새로운 방식의 인터페이스가 필요했습니다. '궁하면 통한다'라는 말처럼 그는 기존의 모든 기술 지식을 총동원하여 2년에 걸쳐 수십억 달러의 연구 개발비를 투자했고 그 결과 세상을 바꿔놓은 멀티터치(Multi-

touch) 기술을 탄생시켰습니다.

　이제부터는 모든 것이 쉬워졌습니다. 지금 모든 지구인이 '스티브 잡스의 혁명'의 은혜 속에 살고 있다고 해도 과언이 아닙니다.

　혁신적인 새로운 동작법이 들어간 iPhone의 콘셉트는 iPod, 전화기, 인터넷 커뮤니케이터를 하나로 합친 기기였습니다. 이것만 보면 다른 스마트폰의 개념에서 크게 다를 것은 없었지만, Apple은 거기서 몇 가지 차별화를 더 두었습니다. 수년간의 연구와 개발을 통해 완성된 정전식 멀티 터치(Multi-Touch) 기술을 활용한 사용자 환경, 모바일에 최적화된 OS, 기기 자체의 성능 향상, 그리고 Apple의 장기인 하드웨어와 소프트웨어의 조화 등에 주력한 것입니다. 후에 App Store를 추가함으로써 개발자들이 불법복제를 신경 쓰지 않고 개발과 판매에만 집중하도록 하였고 소비자들도 신뢰하는 양질의 소프트웨어를 iPhone에 쉽게 설치하도록 하였습니다. 이러한 App Store의 개념은 이전부터 있었지만, 통신사들의 입김이 강했고 기기 성능의 제약 또한 매우 심했습니다.

그런데 Apple은 이러한 기능을 직접 출시 및 관리하여 타 회사의 간섭에서 벗어날 뿐만 아니라 하드웨어가 허용하는 범위 내에서 소프트웨어적으로 굉장히 다양한 기능을 사용하도록 하였습니다. 이러한 점을 종합할 때 iPhone은 가히 기존의 스마트폰을 뛰어넘은 스마트폰이라고 평가할 수 있습니다. 전화기를 재발명했다고 당당히 밝힌 Apple의 자신감은 결코 빈말이 아니었습니다.

WebKey 역시 아이폰과 다르지 않은 개발 과정을 거쳐왔습니다. WebKey는 현재의 시대적 흐름을 면밀히 분석한 결과 Web 2.0에서 Web 3.0로 대단히 빠르게 이동하고 있다고 판단했습니다.

우선 DeFi 1.0으로 대표되는 탈중앙화 거래소(DEX)는 유니스왑(Uniswap)을 필두로 눈부신 발전을 거듭하고 있으며 시장 또한 급속히 성장 중입니다. 시간이 지날수록 DEX의 장점을 체감한 사용자들이 중앙화 거래소(CEX)에서 탈중앙화 거래소로 빠르게 이동하고 있습니다.

2025년 5월 19일 자 블록미디어 기사에 따르면 "최근 중앙화 거래소(CEX)의 보안 문제와 온체인 투자 수요 증가로 탈중앙화 거래소(DEX) 이용자가 급증하고 있으며, 2024년 기준 DEX 거래량은 전년 대비 80% 증가한 1조 7,600억 달러에 달했고, 현물 시장 점유율 역시 9%에서 20%로 확대됐다."라고 합니다.

WebKey가 구축하고 있는 토큰노믹스(Tokenomics)의 기반은 DeFi 2.0 시대의 대표적인 프로젝트인 올림푸스 다오입니다. 이 프로젝트의 구조를 깊이 이해하는 것은 WebKey의 비전과 전략을 올바로 해석하는 데 매우 중요합니다.

올림푸스 다오는 OHM 토큰을 기반으로 하는 탈중앙화 준비통화 프로토콜입니다. 올림푸스 다오의 목표는 OHM 토큰의 동작이 DAO에 의해 높은 수준에서 제어되는 정책 제어 통화 시스템을 구축하는 것입니다. 장기적으로 올림푸스 다오는 이 시스템을 사용하여 OHM이 글로벌 계정 단위, 교환 매체 통화로서 그 기능을 하도록 안정성과 일관성을 최적화할 수 있다고 믿으며 단기적으로는 성장과 부의 창출을 위한 시스템을 최적화하고자 합니다.

올림푸스 다오에서 혜택을 받으려면?

스테이커의 주요 이점은 공급 증가에서 비롯됩니다. 프로토콜은 금고에서 새로운 OHM 토큰을 발행하며 대부분은 스테이커(Staker)에게 배포됩니다. 따라서 가격 노출은 여전히 중요한 고려 사항이지만, 스테이커의 이익은 자동 복리 잔고에서 나옵니다. 즉, 토큰 잔고의 증가가 (인플레이션으로 인한) 잠재적인 가격 하락을 앞지르면 스테이커는 이익을 얻을 수 있습니다.

본더(Bonder)의 주요 이점은 가격 일관성에서 비롯됩니다. 본더는 자본을 선불로 약정하고 정해진 시간에 고정 수익을 약속받습니다. 그 수익은 OHM에 있으므로 채권자의 이익은 채권이 만기가 될 때 OHM 가격에 따라 달라집니다. 본더는 상승하거나 고정된 OHM 가격의 혜택을 받

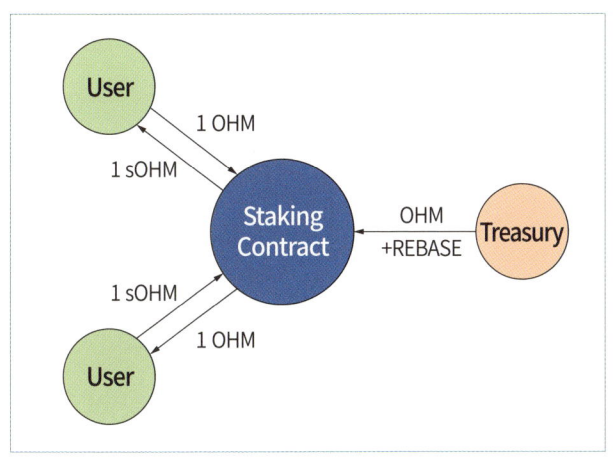

습니다.

올림푸스 다오(OlympusDAO)가 어떤 문제를 해결하려고 하는가?

달러 고정 스테이블 코인은 비트코인이나 이더리움과 같은 토큰에 비해 변동성이 없어서 암호화의 필수 부분이 되었습니다. 사용자는 오늘과 내일, 내가 동일한 구매력을 가지고 있다는 사실을 알고서 스테이블 코인을 사용하여 거래하는 것에 익숙합니다. 하지만 이것은 오류입니다.

달러는 미국 정부와 연준(연방준비제도)이 통제하며 이는 달러의 가치 하락이 스테이블 코인의 가치 하락과 같다는 것을 의미합니다. 올림푸스 다오는 자산 바구니로 뒷받침되는 유동적인 준비통화, OHM을 만들어 앞서 말한 문제를 해결하는 것을 목표로 합니다. 올림푸스 다오는 가격의 상승보다 공급의 증가에 집중함으로써 OHM이 시장 변동성에 상관없이 구매력을 유지할 수 있는 통화로 기능하기를 희망합니다.

올림푸스 다오는 어떻게 동작하는가?

올림푸스는 수익 - 성장 - 보상의 순서로 작동합니다.

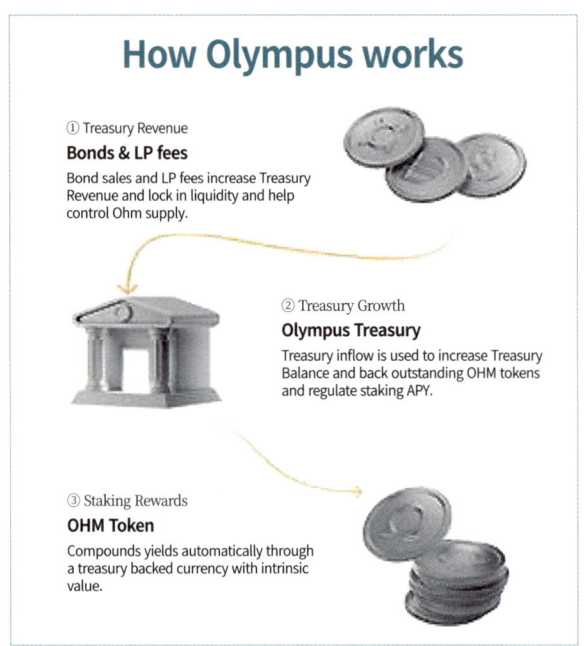

① 채권 판매와 LP(유동성 풀) 수수료는 금고의 수익을 증가시키고 유동성을 고정하며 OHM의 공급을 통제하는 데 도움이 됩니다.

② 금고로의 유입은 잔고를 늘리고 미결제 OHM 토큰을 지원하며 APY 스테이킹 조절하는 데 사용됩니다.

③ 복합 수익은 본질적인 가치를 지닌 금고 담보 통화를 통해 자동으로 수익을 냅니다.

OHM의 가치는 무한히 성장하도록 설계되었습니다. OHM은 꾸준히 성장하고 소득을 창출하는 금고로부터 뒷받침됩니다. 올림푸스는 시장의 상황에도 불구하고 구매력을 지속적으로 높일 수 있는 통화를 만들었습니다. 올림푸스의 LP(Lquidity Provider 유동성 공급자)는 올림푸스가 자체적으로 소유하고 보호하며, 대부분의 유동성을 소유하고 있어서 가격 안정성과 재무적인 수입을 유지하는 데 도움이 됩니다. 프로토콜이 소유한 유동성 덕분에 올림푸스 다오는 지속적으로 효율성을 보이며 유지할 수 있는 혁신적인 온체인 금융 시스템이 될 수 있습니다.

지금부터는 Web 3.0 세상에서 DePIN의 가장 중요한 요소가 되는 Web 3.0 스마트폰, 즉 블록체인폰 산업을 깊게 이해해야 합니다. 이미 솔라나 블록체인 OS를 바탕으로 동작하는 사가(Saga)폰과 바이낸스 블록체인 BSC체인을 기반으로 동작하는 코랄(Coral)폰 등 Web 3.0폰이 성공적으로 시장에 진입했습니다. 이런 대형 블록체인 재단의 성공 사례에 힘입어 본격적으로 Web 3.0폰 사업이 성장하고 있습니다.

아래 신문 기사에서도 확인할 수 있듯 Web 3.0폰의 미래는 점점 더 선명하게 그려지고 있습니다. Web 3.0폰은 기존의 Web 2.0폰과 개념적

으로 근본적인 차이를 가지고 있습니다.

Web 2.0폰은 사용자의 정보만을 처리하며 그 효용은 정보 이용의 편의에 국한되어 있습니다. 따라서 대부분 사람은 여러 브랜드 중 자신에게 맞는 단 한 대의 휴대전화만을 선택해 사용하는 단일 수요 구조를 보입니다.

반면 Web 3.0폰은 이러한 한계를 넘어섭니다. 기존 Web 2.0폰의 기능을 모두 포함하면서도 소유 자체로 수익을 창출할 수 있는 구조를 지니고 있어 중복 구매 수요가 발생합니다. 즉, 한 사람이 여러 대를 소유할 이유가 생기는 것입니다. Web 3.0폰은 단순한 커뮤니케이션 기기를 넘어 디지털 자산의 생산 플랫폼으로 작동하기 때문입니다.

블록체인폰 연구개발 진행 결과들을 아래 표에서 확인해 볼 수 있습니다.

Web3 Supported Smart Phone(웹3 지원스마트폰)

	HTC Exodus1	Nothing Phone(1)	Jambo Phone1	Jambo Phone2	UBI Phone
Device					
Release Year	2018	2022	2024	2024	2024
Related Chain	BNB	Polygon	Aptos	Soana	Ton
Price($)	699~	479~	99~	99~	129~

Web 3.0 지원스마트폰은 기존 스마트폰과 비교하였을 때 기능적으로 크게 다르지 않으며 기본적인 수준의 Web 3.0 기술을 지원하는 정도의 수준입니다.

Web3 Focused Smart Phone(웹3 특화 스마트폰)

	Solana Saga	Solana Seeker
Device		
Release Year	2022	2024
Based Mainnet	Solana	Solana
Price($)	599	450

　Web 3.0 특화(focused) 스마트폰은 Web 3.0 기술이 디바이스 시스템에 부분적으로 통합한 형태를 의미합니다. 하나의 블록체인 메인넷 위에서 구동되는 수준입니다.

Web3 Native Smart Phone(웹3 네이티브 스마트폰)

	ethOS Smart Phone	Up Mobile	ethiOS dGEN1
Device			
Release Year	2022	2024	2024
Based Mainnet	Ethereum	Movement	Ethereum
Price($)	499~	749~	500~

　Web 3.0 네이티브 스마트폰은 시스템 레벨에서 Web 3.0 기술이 빌트인(built-in)된 모바일 기기입니다. 이는 자체 단일 메인넷 Web 3.0 OS를 탑재한 본격적인 Web 3.0 스마트폰이라고 보면 됩니다.

WebKey는 현재의 시장 상황을 면밀히 분석한 끝에 다음과 같은 근본적인 문제들을 포착했습니다.

- 블록체인 간의 호환성 부족으로 인한 Web 3.0폰의 사용 불편
- 자체 토큰의 가치 전환이 쉽지 않은 구조적 한계
- 사용자 교육의 부족으로 인한 Web 3.0 기술에 대한 낮은 이해도
- 경제 모델의 불안정성

이러한 문제들을 해결하기 위한 WebKey의 접근은 명확했습니다. Web 2.0 시대에 사용자들이 익숙해진 스마트폰 환경은 유지하면서 이미 검증된 올림푸스 다오의 DeFi 2.0 모델을 보완하고, 멀티 체인 통합 운영체제인 WebKeyOS를 기반으로 작동하는 WebKey폰과 결합한 플랫폼을 구축하는 것이었습니다.

2년 이상의 도전 끝에 목표한 기술들이 마침내 완성되었고 WebKey 프로젝트는 실현 단계에 들어섰습니다. 그 결과 DePIN 개념이 결합한 세계 최초이자 유일한 토큰 이코노믹스 플랫폼이 탄생하게 되었습니다. 이 플랫폼은 단순한 기술 집합을 넘어선 블록체인 문명을 실물경제와 연결하는 새로운 관문이라 할 수 있습니다.

WebKey가 개발한 핵심 기술은 다음의 네 가지로 구성되어 있습니다. ①WebKey Phone ②멀티 체인 WebKey OS ③Mobile Stack ④WebKey App입니다. 기존의 기술 패러다임으로 바라보면, 마치 IT 혁신기업을 연상케 할 정도로 독창적인 기술적 흐름을 보여줍니다.

WebKey Phone

WebKey 폰은 Web 3.0 환경을 위한 스마트폰으로써 WebKey 플랫폼의 노드 기능을 하며 시스템 보안을 강화하는 데 이바지합니다. 이에 대한 보상으로 사용자는 WebKey의 네이티브 토큰인 wKeyDAO를 100달러 상당 1년간 자동 스테이킹하는 프로토콜을 적용받게 됩니다.

예를 들어 wKeyDAO 토큰의 현재 시세가 30달러일 경우 약 3.33개의 토큰이 스테이킹되며 사용자가 2년 주기로 휴대전화기를 교체한다는 가정에 따라 리베이스와 가격 상승을 고려했을 때 연간 수익률 887% 기준으로 2년 후 약 320개 토큰을 가질 수 있고, 9600달러 정도의 돈으로 성장해 있는 것을 기대할 수 있습니다. (※ 다음 그림 참조, 토큰 가격 변동과 수익률 변동에 따라 다를 수 있음)

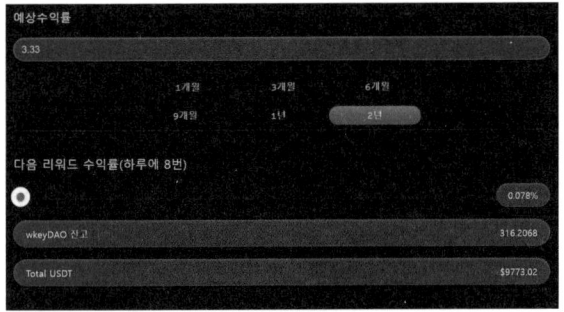

Web 3.0폰의 성공은 솔라나 재단의 사가폰이나 바이낸스 랩스의 코랄폰 등 여러 종류의 블록체인폰의 판매 성공을 통해 검증되었습니다. 자신의 블록체인을 이용하는 프로젝트로부터 에어드롭으로 수령한 코인 덕분에 큰 이익을 거둔 사례가 발생했기 때문에 금방 안착하게 되었습니다.

삼성이나 애플에서 Web 3.0폰을 만들면 웹키는 망하는 것이 아닌가?

'1등의 저주'는 피하기 어렵습니다. 어쩌면 그것은 세상의 이치일지도 모릅니다. 경쟁에서 선두를 차지하면 전체를 조망하기 어려워지고 오히려 1등의 자리를 지키기 위해 막대한 연구개발과 끊임없이 개선 노력에 매몰될 수밖에 없습니다. 그러나 그 노력은 기존의 틀 안에서 이루어지며 그 틀 자체를 파괴하고 새롭게 혁신하는 일은 드뭅니다.

진정한 파괴와 혁신은 언제나 외부의 변방에서 시작됩니다. 그렇게 시작된 변화는 점차 중심으로 스며들어 새로운 기준이 되고 결국 세상을 다시 정의하게 됩니다. 아이폰이 등장하던 시기 노키아와 모토로라는 바로 이 '1등의 저주'에서 벗어나지 못했습니다. 그렇다면 지금의 삼성이나 애플은 과연 이 저주에서 벗어날 수 있을까요?

Web 3.0폰은 기존 Web 2.0폰과 본질적인 차이를 지니고 있습니다. Web 2.0폰은 사용자의 정보를 다루는 기능에 국한되며, 대부분 1인 1대의 소비 형태를 보입니다. 반면 Web 3.0폰은 단순한 정보 기기가 아니라 '가치를 생성하고 수익을 창출하는 디지털 자산'입니다. 즉, 한 사람이 여

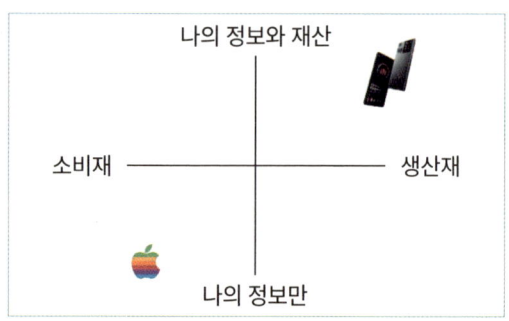

러 대를 소유할 수 있는 중복 수요가 발생하는 구조입니다. 스마트폰 패러다임이 근본적으로 변화하는 것입니다. 그리고 이 변화는 기술이 아닌 '세상의 구조 자체를 바꾸는 흐름'으로 이어지고 있습니다.

Web 2.0폰은 사용자 정보만을 처리하는 기기입니다. 나의 반쪽 역할에 불과하며 소비재로서 나의 돈을 써야 하는 존재입니다. 반면 WebKey폰은 나의 재산까지 관장하는 기기로 '나의 전체'가 되며, 사용자에게 수익을 창출하는 생산재입니다. 예를 들어, 만약 삼성이나 애플이 WebKey폰과 유사한 제품을 출시하거나 그보다 더 뛰어난 기기를 만든다고 해도 문제 될 것이 없습니다. WebKey폰이 2년간 1,000만 원의 수익을 주고 갤럭시가 2,000만 원의 수익을 제공한다면 어떻게 하면 될까요? 답은 간단합니다. 삼성 갤럭시를 하나 더 구매하면 됩니다. 자금 여력이 있다면 더 많이 구매하면 될 일입니다. Web 3.0폰은 소비재가 아니라 생산재이기 때문에 중복 구매가 합리적인 선택이 되는 구조입니다.

그러나 필자의 관점에서는, '1등의 저주'를 넘어서기란 쉽지 않아 보입니다. WebKey폰은 이미 다수의 블록체인 프로젝트와 협약을 맺었으며 출시와 동시에 에어드롭이 진행되도록 계약되어 있습니다. 이 시스템을 뒷받침하는 것은 바로 아누비 재단입니다. 삼성이나 애플은 과연 아누비 재단과 같은 역할을 할 수 있을까요?

WebKeyOS와 같은 멀티 체인 운영 체제의 개발 난이도 역시 한국의 대표 블록체인 기술 기업인 LG CNS의 보고서를 통해 이미 지적된 바 있습니다. WebKey 프로젝트를 지원하는 아누비 재단은 Web 3.0 시대의

DePIN 분야에서 혁신적인 프로젝트를 선별하여 자금을 투자하고, 인큐베이팅 과정을 통해 성장시키는 벤처캐피털(VC) 재단입니다. 특히, 이미 자생력을 갖춘 WebKey 커뮤니티와 파트너십을 형성하여 신생 프로젝트를 세상에 런칭하는 브리지 기능을 합니다. Web 3.0폰의 개념은 이미 시장에서 성공적으로 자리 잡았습니다. 산업 전체가 Web 3.0폰 중심으로 재편되는 흐름이 뚜렷하며, 그 가장 상징적인 증거는 Web 3.0 시대의 선두 주자로 평가받는 글로벌 금융 플랫폼 바이낸스(Binance)입니다. 거래소를 기반으로 블록체인 기술, DEX 거래소, 디지털 자산 생태계를 아우르는 바이낸스 그룹은 Web 3.0 세상의 금융 정점에 있습니다.

바이낸스가 추진한 코랄앱(CoralApp) 프로젝트는 Web 3.0폰 산업이 지금 가장 뜨거운 주목을 받고 있으며, 정점으로 치닫고 있음을 보여주는 대표적 사례라 할 수 있습니다. (※ 아래 사진은 바이낸스 재단의 공식 발표 자료입니다.)

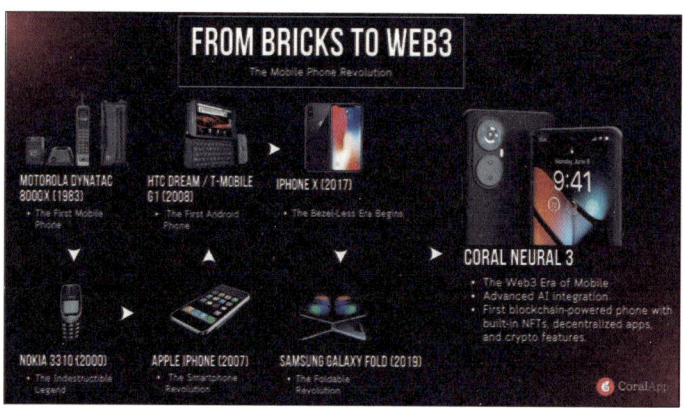

출처: 코랄앱 트위터

무선 휴대전화 산업의 발전 과정을 시간순으로 살펴보면 아이폰을 중심으로 형성된 Web 2.0폰 시대가 점차 저물고 있으며 Web 3.0폰인 코랄폰으로 수렴되는 방향성이 뚜렷하게 나타나고 있습니다. 이는 기술과 소비 패턴의 변화, 그리고 블록체인 기반의 경제 구조로의 전환이 맞물리면서 나타난 흐름이라 할 수 있습니다. 앞의 매일경제 기사에서 보았듯이 Solana 재단이 출시한 사가폰(Saga Phone)이 이미 성공적인 반응을 얻었으며, 후속작인 시커2(Seeker 2) 제품은 출시 전부터 수십만 명의 구매자들이 선금을 내고 대기 중이라는 내용을 담고 있습니다.

이와 같은 현상은 Web 3.0폰이 단순한 '기기'가 아닌 디지털 자산과 수익 창출의 수단으로 인식되고 있다는 것으로 해석할 수 있습니다. 소비자가 제품을 구매하는 것이 아니라, 플랫폼에 참여하고 투자하는 개념으로 접근하고 있다는 점이 기존 스마트폰 시장과 본질적으로 다릅니다. Web 2.0폰은 개인적 정보 이용 편익을 중심으로 소비되었지만, Web 3.0폰은 경제적 기회와 보상 구조가 함께 작동하기 때문에 중복 수요와 투자 성격의 구매 수요가 있어서 완전히 다른 패러다임으로 우리에게 다가왔습니다.

결국 이러한 흐름은 Web 3.0 산업의 방향성을 상징적으로 보여주는 지표입니다. 우리 앞에 놓인 이 거대한 흐름을 어떻게 판단해야 할까요?

WebKey OS

스마트폰에서 운영 체제(OS, Operating System)는 단순한 기술을 넘어 기기의 정체성을 결정짓는 핵심입니다. 예를 들어, 갤럭시폰이 갤럭시폰으로 기능할 수 있는 이유는 결국 쓰레기 매립장에서 만나게 될 겉껍데기인 하드웨어가 아니라, 그 속에 설치된 안드로이드 운영 체제 덕분입니다. 휴대전화를 대리점에서 구매하면 하드웨어의 소유권은 사용자에게 넘어가지만, 그 안에서 작동되는 안드로이드는 여전히 구글의 소유입니다. 왜냐하면 소프트웨어가 작동하면서 발생하는 수익을 구글이 가져가기 때문입니다. 결국 진짜 '주인'이란, 어떤 자산에서 발생하는 수익을 차지하는 존재인 셈입니다.

안드로이드 운영 체제는 2005년 앤디 루빈이 개발한 것으로, 당시에는 스마트폰 제조사마다 서로 다른 OS를 사용하고 있어 앱 개발자들이 하나의 앱을 여러 핸드폰에서 활용하기 어렵다는 문제가 있었습니다. 이 불편을 해소하기 위해 앤디 루빈은 통합된 OS를 오픈소스로 개발해야 한다고 판단했고, 그 결과 오늘날 지구상의 약 50억 스마트폰 중 35억 대 이상이 안드로이드를 채택하게 되었습니다.

이처럼 OS의 구조는 단순한 기술적 기반을 넘어 플랫폼의 수익 구조와 생태계를 지배하는 결정적인 요소입니다. 그래서 WebKey 프로젝트는 Web 3.0 시대에 최적화된 멀티 체인 통합 OS인 WebKey OS를 개발해, 기존 OS의 한계를 뛰어넘는 새로운 스마트폰 환경을 구현한 것입니다.

Web 3.0폰 산업의 현황은 마치 2005년 스마트폰 초기 시장을 떠올리게 합니다. 당시 각 스마트폰 제조사가 서로 다른 OS를 사용해 앱 생태계가 활성화되지 못했듯이 현재의 Web 3.0폰 역시 개별 블록체인상에서만 동작하며 상호 호환성이 부족한 실정입니다.

WebKey OS는 이러한 문제를 해결하기 위해 개발된 멀티 체인 통합 운영 체제로, Ethereum, BSC, Solana, Polygon, TON 등 다양한 블록체인에서 호환되어 작동합니다. 이처럼 개방적이고 유연한 구조 덕분에 앱 개발자들이 WebKey OS를 기반으로 자유롭게 앱을 개발할 수 있으며, 그 결과 시장을 선도하는 인기 앱이 등장할 가능성도 매우 높습니다.

인기 앱이 탄생하게 되면 사용자들은 해당 앱을 내려받기 위해 WebKey Appstore로 자연스럽게 몰려들 것입니다. 이는 WebKey 플랫폼의 확장성과 영향력을 극대화하는 계기가 되고 플랫폼의 토큰 이코노미 역시 더욱 탄탄해질 것입니다.

완성된 WebKey 플랫폼에서 기축통화 임무를 수행하는 것은 wKeyDAO 토큰입니다. 이 토큰은 플랫폼 내의 모든 거래와 보상, 참여 구조의 중심을 담당하며, 생태계의 안정성과 성장 가능성을 함께 이끌어갑니다.

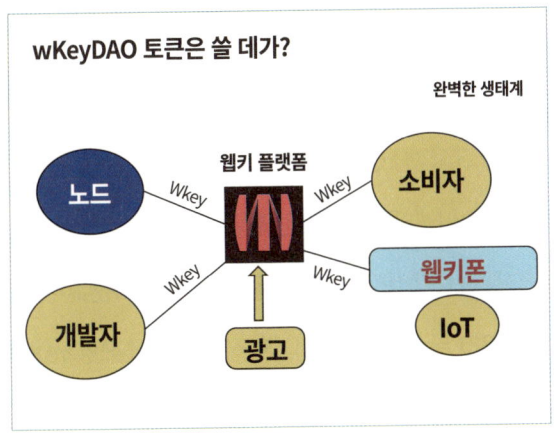

각 노드(참여자)는 높은 수익을 기대하며 스테이킹 계약에 참여합니다. 참여자가 늘어나면 웹키 코인의 수요가 증가하고, 스테이킹된 코인은 시장의 유통량을 줄이는 효과를 가져옵니다. 이는 토큰 가격 안정성과 상승을 동시에 유도하는 구조입니다.

앱 개발자들은 통합 멀티 체인 OS를 활용해 자신이 개발한 앱(DApp)을 WebKey App Store에서 판매하게 됩니다. 판매 수익의 일부는 웹키 토큰으로 수수료가 지급되며, Web 3.0 시대에는 모든 모바일 앱이 DApp으로 전환될 것으로 예상됩니다. 자연스럽게 개발자들은 범용성이 뛰어난 WebKey OS로 몰려들 것이며, 이는 Web 2.0 시절 안드로이드 통합 OS에 개발자들이 집중했던 현상과 유사합니다.

이렇게 많은 개발자가 WebKey 생태계에 참여하면서 인기 있는 앱들이 다수 등장하게 되고, 사용자들은 해당 앱을 내려받기 위해 WebKey App Store를 방문합니다. 유료 앱을 내려받을 때 결제 수단은 오직 하나 웹키 토큰입니다.

플랫폼이 활성화되면 수많은 기업이 자사 제품을 홍보하기 위해 WebKey 생태계로 유입될 것입니다. 이는 애플의 Appstore나 구글의 Play스토어에 광고가 밀려들어 오는 원리와 같습니다. 사람들이 모이는 곳에 광고는 반드시 따라오기 마련입니다.

하지만 WebKey 플랫폼에는 전통적인 의미의 '관리자'가 존재하지 않으며, 중앙 통제 없이 스마트 콘트랙트 기반으로 운영되는 DAO이기 때문에 광고비 역시 카드나 현금으로 받지 않습니다. 웹키는 모든 거래가 온체인에서 웹키 토큰으로 처리되는 프로토콜 플랫폼입니다.

Mobile Stack

모바일 스택은 현재 모바일 개발 환경을 구성하는 코딩 언어, 개발 도구, 프레임워크, 전략 등을 아우르는 개념입니다. 크로스 플랫폼 솔루션부터 네이티브 앱 최적화 기술까지 포함되어 있으며, 개발자들이 차세대 모바일 경험을 구축하는 데 실질적인 도움이 되는 간결하고 실행할 수 있는 인사이트를 제공합니다.

WebKey의 Mobile Stack은 완전한 컴퓨터 공학 지식 없이도 앱을 개발할 수 있도록 구성된 기술 키트라 할 수 있습니다. 즉, 고급 개발 지식이 없어도 누구나 WebKey OS 위에서 DApp을 손쉽게 만들 수 있도록 설계된 사용자 친화적인 도구 모음입니다.

WebKey DApp

WebKey DApp은 DeFi 3.0 기반의 토큰 작동 구조를 구현한 앱입니다. 참여자들이 어떤 방식으로 토큰을 획득하고, 어떤 보상을 받을 수 있는지를 명확하게 보여주는 직관적인 금융 생태계 인터페이스입니다. "WebKey makes Web 3.0 simple"이라는 슬로건에 걸맞게, 복잡한 블록체인 금융 구조를 누구나 쉽게 접근할 수 있도록 설계되었습니다.

WebKey 플랫폼은 다음과 같은 주요 구성 요소들로 이루어져 있습니다.

- 개인 지갑

- DEX 거래소
- 웹키 토큰의 주조 메커니즘
- 스테이킹 보상 시스템
- WebKey Phone 판매 및 커미션 지급 체계

이처럼 다양한 요소들이 마치 하나의 생명체처럼 유기적으로 결합하여, 복잡한 흐름 속에서도 매우 단순하고 직관적인 사용자 경험을 제공합니다.

이 시스템은 WebKey 기술팀의 창의성과 기술적 역량을 여실히 보여주는 결과물입니다. 이질적인 기능들을 하나의 앱 내에서 통합하고 완전히 새로운 방식으로 승화시킴으로써 Web 2.0 사용자들도 별도의 학습 없이 안전하고 자연스럽게 Web 3.0 생태계로 진입할 수 있도록 돕습니다.

복잡한 프로세스를 이곳저곳 넘나들 필요 없이, WebKey DApp 하나로 지갑 개설, 토큰 스테이킹, 웹키폰 구매, 수익 관리까지 한 번에 해결할 수 있도록 만들어졌습니다. 사용자의 편의성과 안정성을 최우선으로 고려한 설계입니다.

wkeyDAO 토큰의 가치 기반은 무엇인가?

돈이란 무엇인가?

돈은 '신뢰할 수 있는 숫자'입니다. 이 짧은 문장 하나로 지구상의 모든 화폐를 함축적으로 설명할 수 있습니다. 예를 들어 금 1돈, 100달러, USDT 10개, BTC 10개, wKeyDAO 토큰 100개—이 모든 것은 결국 하나의 숫자로 표현되는 가치입니다.

하지만 여기서 본질적인 질문이 하나 더 남습니다. "그 신뢰의 근거는 무엇인가?" 신뢰가 있어야 수치가 의미를 가지며, 신뢰 없이는 어떤 숫자도 '돈'이라 불릴 수 없습니다. 다음 표를 통해 다양한 화폐와 자산의 '가치의 신뢰 근거'를 일목요연하게 정리해 보면 훨씬 명확하게 이해할 수 있을 것입니다.

구분	금	달러	USDT	BTC	wkeyDAO
신뢰 근거	역사적 경험	국가 공권력	블록체인 기술과 담보	블록체인 기술	스마트 콘트랙트 기술과 금융모델, 실물 산업
담보			USD		USDT

wkeyDAO 토큰의 신뢰 기반과 가치 구조

USDT, BTC, wkeyDAO 토큰은 모두 '신뢰할 수 있는 숫자'라는 돈의 본질적 정의를 공유하지만, 각자의 신뢰 근거와 담보 방식은 조금씩 차이가 있습니다. USDT와 BTC는 이미 사회적 합의와 상식이 형성된 화폐로서 일상적인 거래에 사용되고 있습니다. 하지만 wkeyDAO는 출시된 지 9개월 정도의 신규 토큰으로, 아직은 대중의 공통 상식으로 자리 잡지 않았기 때문에 그 신뢰의 근거에 대해 보다 깊은 이해가 필요합니다.

wkeyDAO는 최소 1달러의 가치를 지지하는 스마트 콘트랙트 기반 코인입니다. USDT는 1달러에 고정된 스테이블 코인이지만, wkeyDAO는 시장 수요에 따라 가치가 변동되며 이를 신뢰하려면 스마트 콘트랙트 기술, DeFi 개념, DAO 구조에 대한 철저한 이해가 뒷받침되어야 합니다. wkeyDAO 토큰을 깊이 이해하기 위해서는 OlympusDAO 프로젝트에 대한 지식이 매우 도움이 됩니다. (※ 다음 장에 OlympusDAO 에 대한 상세 설명이 수록되어 있습니다.)

wkeyDAO 토큰이 가치를 지니는 이유

1) 담보 기반 주조 토큰

- wkeyDAO는 1달러의 담보금으로 1개의 토큰을 주조하는 스마트 콘트랙트에 의해 운영됩니다. 올림푸스 다오의 경제모델을 하드포크합니다.
- 주조된 모든 토큰은 최소 1달러의 가치로 백업되는 구조이며, 이는 신뢰의 기반을 형성합니다.

2) 소각(Supply Burn) 프로토콜

- 주조세(발행이익)의 40%를 토큰 소각에 사용하도록 설계되어 있습니다.
- 이 소각 메커니즘은 시장 유통량을 점진적으로 줄여가며, 시간이 지날수록 토큰의 희소성과 가치 상승을 유도합니다.

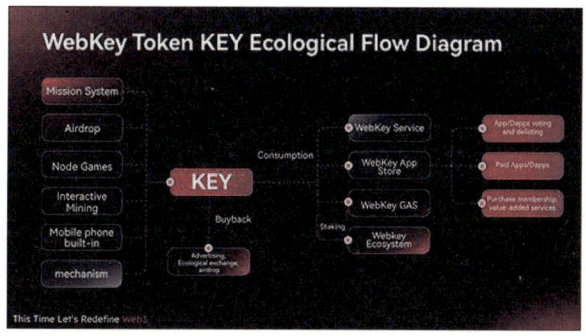

3) wkeyDAO 토큰이 WebKey 플랫폼 경제 생태계에서 기축통화로 사용

플랫폼이 활성화되고 WebKey 토큰의 사용 빈도가 높아질

수록, 자연스럽게 수요 증가에 따른 가격 상승이 이루어지며, 이는 곧 토큰의 내재 가치를 형성하게 됩니다.

4) 자체 메인넷(Mainnet)의 런칭 계획

WebKey 프로젝트는 2027년을 목표로 메인넷 출시 로드맵을 가지고 있으며, 이는 커뮤니티가 충분히 성장하고 생태계가 성숙했을 때 더 이상 외부 블록체인에 의존하지 않고 독립적인 구조로 전환하게 되는 중요한 이정표가 될 것입니다.

웹키 프로젝트의 대외적 신뢰성 검증은?

- 전문 감사 통과
  - Cerkit, Armors 감사보고서
- 종합 사이트 등록 및 자체 감사
  - AVE.AI, coinmarketcap.com,
- 대형 DEX 거래소 상장
  - pancake swap, okx DEX, bitgetDEX, Binance wallet
- Binance 재단과 coralAPP과 협력사 등록
- 수많은 프로젝트와 동반관계 등록
- 올림푸스 다오 플랫폼의 완벽한 동작 그리고 Web 3.0폰 성공 가능성 검증
- 아누비 재단의 Web 3.0 세상에 대한 통찰을 근간으로 한 전문적 지원

레퍼럴 마케팅과 다단계 마케팅의 차이점

레퍼럴(Referral) 추천 마케팅은 기존 고객이 인센티브를 대가로 자사의 제품이나 서비스를 지인이나 네트워크에 소개하도록 유도하는 전략입니다. 입소문과 개인의 신뢰를 기반으로 새로운 고객을 확보하며 사업의 성장을 이끄는 효과적인 방법입니다.

반면, 다단계(Multi-Level Marketing)는 전통적인 유통 경로(제조업자 → 도매업자 → 소매업자 → 소비자)를 거치지 않고, 다단계 회사 또는 판매원이 직접 제품을 유통하며 참여자에게 보상 계획을 통해 수익을 배분하는 방식입니다. 피라미드 판매, 네트워크 마케팅 등으로도 불리며 수익 구조가 복잡하고 계층적으로 형성되어 있는 것이 특징입니다.

레퍼럴과 다단계 마케팅은 개념적으로 유사한 점이 있지만, 실질적인 구조와 운영 방식에서 큰 차이가 존재합니다. 이 차이를 명확하게 이해하려면 아래의 비교표를 참고하시면 도움이 됩니다.

구분	레퍼럴 마케팅	다단계 마케팅
돈 버는 주체	시스템	하위 판매원
판매원 간 갈등 내재	없다	본질적 내재
민주주의 정도	평등	억압과 착취
조직 구조	수평적 네트워크	수직적 피라미드

PART 2

올림푸스 다오의 경제모델 이해하기

웹키는 플랫폼의 완성도를 높이기 위해 온체인 금융 시스템인 올림푸스 다오를 하드포크하여 웹키에 필요한 부분을 수정·보완 하였습니다. 웹키를 이해하기 위해서는 올림푸스 다오의 시스템을 잘 이해하는 것이 무엇보다 필요하므로 별도의 장으로 구성하였습니다.

올림푸스 다오란 무엇인가?

앞장에서 올림푸스 다오에 관하여 개괄적으로 기술했습니다. 이번 장에서는 좀 더 깊고 세밀하게 들여다보도록 하겠습니다. 올림푸스 다오는 블록체인 기술을 사용하지만, 블록체인 기술 그 자체를 위한 프로젝트가 아닙니다. 현실 물리 세계의 화폐 주조 시스템을 수학적 컴퓨터 알고리즘으로 디지털화한 토큰 금융 생태계의 창조가 올림푸스 다오입니다. 기술적으로 이해하려고 하면 쉽게 이해할 수 없고 또한 개념적으로 이해하려고 해도 우리가 처음 접하는 현상이어서 또 이해가 어렵습니다.

올림푸스 다오의 기축통화인 OHM의 주조 프로토콜은 1 DAI(USDT)가 금고(Treasury)에 채권(Bond)을 구매하는 형태의 담보금으로 들어가면 한 개의 OHM 토큰을 주조하는 것입니다.

예를 들어 1 OHM 시장 거래 가격이 501달러면 참여자가 501 DAI를 가지고 Bond를 구매하면 프로토콜은 501개의 OHM을 주조하여 참여자에게 1개를 지급 후 프로토콜은 500개의 OHM 주조 이익(시뇨리지)을 소유합니다. 이 시뇨리지를 알고리즘에 의해 규약된 규정에 따라 참여자들에게 장기간에 걸쳐서 채굴 개념으로 지급하는 온체인 금융 시스템입니다. 참여자는 장기간의 시간이 지나면 코인의 보유 숫자가 증가하여 인플레이션을 능가하는 이익을 얻을 기회가 존재하는 프로토콜 금융 플랫폼입니다. 위 예를 아래 그림에서 잘 보여주고 있습니다.

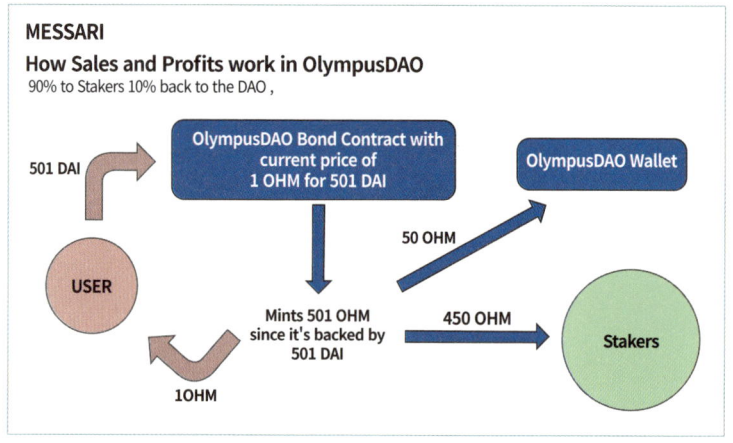

예전에 한창 유행했던 계모임을 다시 떠올려 보면,

계의 가장 큰 문제는 계주가 계원들이 납부한 곗돈을 잘못 관리하거나 개인적인 사고를 일으키는 위험에 처해 있었습니다. 요즘에는 이러한 위험을 줄이기 위해 시중은행이 계주 역할을 대신하는 금융 상품 형태의 계모임도 등장하고 있습니다. 모든 계원이 통장 내역을 언제든지 확인할 수 있고, 회원들의 동의 없이는 곗돈 인출이 불가능하므로 사고 발생 가능성이 크게 낮아진 구조입니다.

올림푸스 다오는 이러한 '계주' 역할을 스마트 콘트랙트 기반의 알고리즘(프로토콜)이 수행하도록 설계된 온체인 금융 시스템입니다. 이를 이해하기 쉽게 설명하면 기존의 계 모임에서 계주가 사람이었다면, 올림푸스 다오에서는 계주가 곧 컴퓨터 알고리즘 코드라고 보시면 됩니다. 단지, 입금 방식은 지폐가 아닌 OHM 토큰을 통해 이루어지며 납부 금액도 월납 형태의 정액 방식이 아니라 각 참여자가 자기 상황에 따라 자유롭게 입금할 수 있는 유연한 구조로 되어 있습니다. 곗돈을 불리는 방식은 대출에 따른 이자 수익과 토큰 발행을 통한 시뇨리지(주조 이익)로 구성되어 있습니다.

결과적으로 올림푸스 다오는 미국의 달러 주조 시스템에서 발생하는 시뇨리지 구조와 한국의 계모임이 가진 커뮤니티 참여 모델을 수학적 컴퓨터 알고리즘으로 통합한 새로운 형태의 온체인 금융 생태계라고 이해할 수 있습니다.

이 시스템은 외부로 자산이 유출되지 않기 때문에, 일정 시간이 지나면 참여자 누구나 자기 원금 이상을 돌려받을 수 있는 구조를 지닙니다. 단, 전체 시뇨리지 중 10%는 DAO의 운영 재단을 위한 비용으로 책정되어 인출되는 구조입니다. 이 점이 WebKey와 다릅니다.

웹키는 팀 운영비 배분 없이 시뇨리지의 100%를 참여자들에게 리베이스로 되돌려 줍니다.

2021년 3월 런칭된 올림푸스 다오 프로젝트는 현재까지 건강한 생태계를 유지하고 있으며 실제로 안정적으로 작동하는 것이 다수의 기술적 분석을 통해 검증되었습니다. 전문가들은 특별한 논리적 결함을 발견하지 못했으며 오히려 그 알고리즘의 정교함에 깊은 인상을 받았고, 여러 프로젝트에서 이를 하드포크하여 새롭게 응용하는 흐름도 계속되고 있습니다.

어떤 문제를 해결하고
무엇을 목적으로 하였는가?

올림푸스 다오는 Web 3.0 시대를 위한 글로벌 커뮤니티 소유의 탈중앙화 금융 준비 시스템을 구축하는 것을 사명으로 내세우고 있습니다. 우리가 살아가는 현실 속 기존 금융 시스템을 바라보면 심각한 개선이 필요하다는 점을 어렵지 않게 깨달을 수 있습니다.

중앙집권적인 정부는 은행을 통해 폭압적인 통제력을 행사하고 있으며 은행은 각국의 지역 통화를 독점적으로 지배합니다. 그들의 무책임한 재정 정책과 규제는 다수 국민에게 경제적 피해를 줬고 일부는 안전한 미래에 대한 희망 없이 은행 계좌조차 잃어버리는 상황에 내몰렸습니다.

이러한 구조 속에서 전통적인 금융 시스템으로부터의 독립은 진정한 자유의 시작입니다. 올림푸스 다오는 이를 실현하기 위해 금융시장에 안정성과 투명성을 회복시키고 모든 이에게 금융 포용성을 제공하는 탈중앙화된 세계 경제를 구축하고 있습니다.

이 프로젝트는 인터넷만 접속할 수 있다면 누구나 국가의 정치적 영향으로부터 자유로운 준비통화를 채택할 수 있는 권리를 부여합니다. 이는 단순한 금융 혁신을 넘어 은행의 불신과 인플레이션, 심지어 기후 변화 같은 전 지구적 문제에 대응할 수 있는 개방형 금융 기술의 새로운 관문입니다.

올림푸스 다오는 공통된 목표와 인센티브를 공유하는 글로벌 참여자 커뮤니티로 구성되며 그 네트워크에 누구나 접근할 수 있는 환경을 제공합니다. 올림푸스 다오에 참여하는 것은 곧 부를 보존하고 안정성을 확보하며 Web 3.0 기반의 새로운 경제 협력에 함께하는 여정에 발을 들이는 것입니다.

플랫폼의 기축통화인 OHM 토큰은 홈페이지 메인에서 "OHM is Smart Money"라는 구호로 소개되며 이는 곧 인플레이션에 저항하는 똑똑한 통화라는 뜻으로 해석할 수 있습니다.

올림푸스 다오 프로젝트는 세 가지 흥미로운 특징을 가지고 있습니다.
- 준비통화 프로토콜 (Reserve Currency Protocol)

올림푸스 다오는 금고(Treasury)에 예치된 스테이블 코인을 기반으로 OHM 토큰의 최소 가치인 1달러를 보장하는 구조로 되어 있습니다. 이는 USDT처럼 1달러에 고정(Pegging)되는 스테이블 코인과는 다릅니다. OHM은 1달러 이상의 시장 수요에 따라 유동적인 가치를 형성하는 변동형 준비통화입니다.

- 유동성의 소유 구조

올림푸스 다오는 OHM 유동성의 99% 이상을 자체적으로 소유하고 있습니다. 대부분의 DeFi 프로젝트가 투자자들로부터 유동성을 빌려오는 방식을 택하지만, 올림푸스 다오는 채권(Bond) 메커니즘을 도입하여 유동성을 직접 인수하여 소유하는 모델을 갖추고 있습니다. 이는 플랫폼 안정성과 지속 가능성을 강화하는 데 중요한 요소입니다.

- 시뇨리지 기반 보상 구조

올림푸스 다오는 화폐 주조 수익(Seigniorage)을 참여자들에게 스테이킹 보상으로 분배합니다. 이를 통해 높은 연간 수익률(APY)을 유지할 수 있는 기반이 마련되며 참여자는 시스템 성장과 함께 직접적인 보상을 받게 됩니다.

어떻게 작동하며 어떤 결과를 예상하였는가?

올림푸스 다오는 각 부분이 유기적으로 연결되어 동작하는 하나의 복잡한 기계와 같습니다. 따라서 이를 곧바로 기능 수준으로 나누어 분석하는 것보다는 전체적으로 볼 수 있는 관점이 필요한데, 일반적인(평균적인) 이용자(투자자)의 관점에서 사용 흐름을 생각해 보는 것이 좀 더 쉽게 올림푸스 다오 프로젝트를 이해하는 방법이 될 것입니다.

- 일반적인 사용자가 올림푸스 다오를 통해 이익을 얻으려면 먼저 OHM 토큰을 얻어야 합니다. OHM 토큰을 얻는 방법은 크게 두 가지가 있습니다. DEX에서 구매하거나 Bond라는 과정을 거쳐서 발행받는 것입니다. 사용자는 자신의 위험 회피 성향과 Bond의 할인

율에 따라 둘 중 한 가지 방법을 선택할 것입니다. 본인에게 가장 큰 이익을 가져다주는 것을 선택합니다.

- 처음에 OHM 토큰의 가장 큰 유틸리티는 OHM 토큰을 프로토콜에 예치하여 예치 보상을 받는 것입니다. 2022년 1월 현재 기준으로도 OHM 토큰 Stake는 3,700%에 달하는 APY를 보장하고 있습니다.

지금까지의 결과와 전망

Origin과 WebKey 프로젝트는 올림푸스 다오의 금융 시스템을 하드포크하여 자신들의 목적에 맞게 수정·보완하여 사용하고 있습니다. 비트코인의 창시자가 익명인 것처럼, 올림푸스 다오의 설계자 역시 아직 신원이 밝혀지지 않았습니다.

비트코인이나 이더리움은 블록체인 기술 자체를 위한 플랫폼이라면 올림푸스 다오는 블록체인 기술을 기반으로 설계된 정교한 온체인 금융 시스템입니다. Web 2.0 시대의 금융 시스템이 중앙은행과 시중은행을 중심으로 연결되었다면 Web 3.0 시대의 금융 구조는 탈중앙화 준비통화 프로토콜인 올림푸스 다오를 중심으로 전개될 것으로 예상됩니다.

앞으로 WebKey를 비롯한 다양한 DePIN 산업 분야에서도 이 시스템을 목적에 맞게 적용 확장할 것입니다. 올림푸스 다오의 구조를 이해하지 못한다면 Web 3.0 시대의 금융 흐름을 놓치게 되고 디지털 금융 문맹으로 남을 수 있습니다.

올림푸스 다오를 올바로 이해하기 위해서는 기술 자체의 무결성을 신뢰하는 자세가 필요합니다. 블록체인과 스마트 콘트랙트라는 위대한 기술이 올림푸스 다오의 기반이며 이 시스템은 인간의 개입 없이 코드를 통해 신뢰를 구현하는 방식입니다.

Web 2.0 시대에는 규모와 권위가 신뢰의 기반이었습니다. 우리는 이 패러다임에 너무 익숙해져 있어 기술 그 자체를 신뢰의 근거로 받아들이는 데 어려움을 느낄 수 있습니다. 하지만 Web 3.0 시대에는 바로 그 기술-알고리즘의 정직함과 코드의 투명성-이 진정한 신뢰의 원천이 됩니다.

PART 3

세상을 바꾸겠다고 주장하는 사람들을 주목하라

천국과 극락은 우리가 만들어가는 세계

　　신약성경 마태복음 6장 10절에는 "나라가 임하시오며 뜻이 하늘에서 이루어진 것 같이 땅에서도 이루어지이다."라는 구절이 있습니다. 불경 아미타경에서는 극락세계가 칠보로 장식된 연못과 황금빛 대지, 천상의 음악과 꽃이 끊임없이 흩날리는 장소로 묘사됩니다. 그리고 능가경에는 "모든 중생은 본래 부처다."라는 구절을 통해 "부처는 따로 있는 존재가 아니라 너 자신이 곧 부처다."라는 가르침이 전해집니다. 이처럼 천당과 극락은 저 먼 하늘 위의 세계가 아니라 지금 우리가 살아가는 이 세상 안에 존재할 수 있습니다. 즉, 인간은 스스로 천국과 극락을 만들어가는 창조적 주체인 셈입니다. 인간은 간절히 원하는 세계를 직접 현실로 만들어 왔습니다.

- 하늘을 나는 세상을 꿈꾸어 비행기를 발명했고
- 달나라에 가고 싶어 우주선을 개발했으며
- 바닷속 용왕을 만나고 싶어 잠수함을 만들었습니다.
- 누군가의 지배를 받는 종이 아닌 주인으로 살고 싶어 민주주의를 만들었고
- 전 세계 누구와도 소통하고자 인터넷과 스마트폰을 만들었습니다.

그리고 이제, 누구나 자신이 은행장이 되기 위해 블록체인을 개발했고 자신의 개인정보와 데이터로 생성되는 가치와 이익을 공정하게 분배받기 위해 DAO의 개념을 현실화시키고 있습니다. 만약 예수님이나 부처님이 지금, 이 세상에 돌아오신다면 "그래, 이것이 바로 내가 말하던 천당이며 극락세계다."라고 말씀하실지도 모릅니다. 물론 그 세상이 도래하면 또 새로운 부족함이 생기고 우리는 그것을 해결해 나가야 할 것입니다. 중요한 것은 우리가 그 세계를 스스로 만들어가고 있다는 사실입니다.

문명의 발전 방향은 '인간 존엄성의 확장'입니다. 인류는 늘 문명을 건설하며 살아왔고 지금도 미래의 문명을 빚어가는 중입니다. 그 발자취를 찬찬히 되짚어보면 문명은 인간 개인의 존엄성을 보호하고 확장하는 방향으로 발전해 왔음을 알 수 있습니다. 인간은 한 번도 자신의 지위를 낮추는 쪽으로 문명을 건설한 적이 없습니다. 앞으로도 문명은 더욱 인간 중심, 존엄성 강화의 방향으로 나아갈 것입니다.

"내일의 문명은 인간의 존엄성을 더 존중하고 보호하며 확장하는 방향으로 발전할 것이다." 이 명제에 기대어 우리는 미래를 가늠할 수 있습니다.

Web2 시대의 결정판인 아이폰, 그리고 스마트폰 혁명, 현대는 Web 2.0 시대, 인터넷 중심의 문명이 완성된 시기입니다. 그 결실 중 하나가 바로 애플의 아이폰입니다. 아이폰은 3세 아이부터 90세 노인까지, 시간과 장소의 제약 없이 인터넷을 사용하고 세상과 소통할 수 있는 환경을 제공했습니다. 인터넷의 가능성을 모두의 일상으로 확산시킨 스마트폰 혁명의 상징이 된 것입니다.

인터넷 이전과 이후의 삶을 비교해 보면, 지금이 천국이요 극락이라 부를 만하지 않을까요? 인터넷이 없던 시절, 사람들은 그런 세상을 머릿속으로만 상상했고 막연한 동경 속에서 "그런 세상이 오면 얼마나 좋을까?"라는 희망을 품었습니다. 그러니 예전 사람들에게는 지금 우리가 사는 이 세계가 천당이자 극락이었을 것입니다.

그런데 그 세계를 만든 것이 누구일까요? 신이 아니라 바로 우리 인간입니다. 신이 다리를 놓아준 것이 아니라, 인간이 다리를 스스로 만들어 건너온 것입니다. 이처럼 문명을 건설하고 미래를 창조하는 것은 언제나 인간입니다.

2008년 11월 11일, 사토시 나카모토라는 익명의 개인이 인터넷에 8페이지 분량의 짧은 영어 논문 하나를 발표했습니다. 제목은 "Bitcoin: A

Peer-to-Peer Electronic Cash System". 이 논문은 세계를 다시 한번 근본적으로 뒤흔드는 전환점이 되었고, 이제 개인 누구나 제삼자 신뢰 기관의 도움 없이 자기 재산을 직접 지배할 수 있는 시대를 열었습니다. 이는 일반 대중이 플랫폼에서 생산해 내는 가치를 공정하고 민주적으로 분배받을 수 있는 길을 마련했으며 인간이 진정한 주인으로 살아가는 이상향의 문 앞까지 다가섰다는 징후라 할 수 있습니다.

Web 2.0 시대, 인터넷 기반 비즈니스의 가장 완성된 형태는 단연 애플(Apple)이라 할 수 있습니다. 애플은 앱스토어라는 소프트웨어 플랫폼을 기반으로 기기를 직접 개발하고 판매하면서 온라인과 오프라인 시장을 동시에 장악했으며 현재 세계에서 가장 높은 기업 가치를 기록하고 있는 기업으로 자리 잡았습니다.

다가오는 Web 3.0 시대에도 이러한 혁신적 플랫폼 기업이 새롭게 탄생할 것이며, 그 플랫폼이 만들어내는 가치를 참여자 모두가 공유하는 세상이 될 것입니다. 그리고 이제, 그 플랫폼은 WebKey라는 이름으로 우리 앞에 등장하고 있는 것처럼 보입니다.

세상을 바꾼 사람들

디지털 문명의 발전사를 되짚어보면 지금 우리가 목격하고 있는 기술 변화의 의미를 더 명확히 이해할 수 있으며, 미래의 방향까지 가늠해 볼 수 있는 열린 지평을 갖게 됩니다. 이를 위해서는 역사 인식을 바탕으로 디지털 문명을 통찰하고 현재의 시대정신을 꿰뚫으며 자기 경험과 지식, 사유 능력을 융합해 깊은 성찰을 해보는 과정이 필요합니다. 문명사를 의미 있게 공부하고 재해석하는 이유가 바로 여기에 있습니다.

스티브 잡스와 아이폰의 혁명

애플 창업자 스티브 잡스가 인류 문명에 끼친 영향은 말로 표현하기 어려울 정도로 큽니다. 그가 개발한 아이폰은 인간을 장소의 구속으로부터 해방한 혁명적인 발명품으로 평가받습니다. 인터넷이라는 기술을 인종, 나이, 배경을 가리지 않고 누구나, 언제 어디서나 손쉽게 사용할 수 있는 현실로 만든 기기가 바로 아이폰입니다.

문명을 '인간의 존엄성을 확장하는 방향으로 발전해 가는 것'이라고 정의할 때 아이폰은 그 철학을 그대로 구현한 위대한 도구입니다.

스티브 잡스는 아이폰 개발에 앞서 당시의 스마트폰 산업을 면밀히 관찰했습니다. 당대 최고로 평가받던 노키아, 모토로라의 제품들을 분석하고, "스마트폰은 노트북만큼 똑똑하면서도 아이부터 노인까지 누구나 쉽게 사용할 수 있어야 한다."는 기준을 세웁니다. 이 기준에 따라 그는 기존 스마트폰들을 가리켜 '유아용 장난감 수준'이라고 과감하게 평가했습니다. 직관성과 기능성 모두에서 한계를 갖고 있었기 때문입니다.

잡스가 지목한 핵심 문제는 바로 플라스틱 버튼이었습니다. 모든 스마트폰이 버튼 위주로 설계되어 있었기 때문에 인터페이스의 유연성이 제한되고 새로운 앱이나 기능을 자유롭게 구현하기 어려운 구조적 한계를 가지고 있었습니다. 또한 버튼이 차지하는 공간 때문에 메모리 용량 확대나 대용량 배터리 장착도 어려웠습니다.

그는 문제의 근본 원인인 버튼을 제거해야 한다는 기준을 세우고, 불면의 밤과 수많은 도전 끝에 이를 해결할 기술적 돌파구를 만들어냈습니다. 무에서 유를 창조하는 용기를 발휘하여 1조 원 이상의 R&D 비용을 투자해 오늘날의 아이폰을 탄생시킨 것입니다.

아이폰은 단순한 제품이 아니라 디지털 문명의 방향을 재정의한

사건이었습니다.

구글(Google)

구글의 목표는 "전 세계의 정보를 체계화하여 누구나 유용하게 이용할 수 있도록 하는 것"입니다. 1998년 9월 4일, 세르게이 브린과 래리 페이지가 구글을 창립하였을 당시, 인터넷 검색 시장은 급속하게 팽창 중이었습니다. 당시 검색 포털의 중심축은 넷스케이프를 거쳐 1994년 스탠퍼드 대학의 제리 양이 설립한 야후(Yahoo)로 옮겨가던 시기였습니다.

야후는 사용자가 인터넷 웹사이트를 더 쉽게 찾도록 돕는 디렉터리형 서비스로 시작해, 이후 종합 포털 사이트로 빠르게 성장했습니다. 그러나 인터넷의 본질적인 속성-지식과 정보의 탐색-에 가장 강력한 수요가 있다는 점을 꿰뚫어 본 구글은 모든 자원을 집중적으로 투입하여 혁신적인 검색 알고리즘을 개발했고 사용자 만족도를 극대화하며 최종 승자가 되었습니다.

2025년 4월인 현재 시점에서 되돌아보면, 구글은 인터넷이라는 혁신적인 정보 전달 기술의 본질을 정확히 간파하고 그 핵심 기능에 집요하게 집중함으로써 오늘날의 위상을 획득한 기업입니다. 정보 민주화의 흐름을 선도한 혜안과 집중력에 다시 한번 감탄하지 않을 수 없습니다.

테슬라

2003년 일론 머스크는 지구가 휘발유 자동차로 인한 환경 오염으로 멸망할 수 있다는 위기감을 절감하며 인간의 존엄을 지키기 위한 대안으로 친환경 전기자동차를 만들겠다는 목표를 세우고 테슬라를 설립했습니다.

당시 대부분의 주요 자동차 기업들도 전기차 개발에 대한 개념은 가지고 있었지만, 배터리 기술과 충전 인프라의 한계로 인해 상용화는 시기상조라 판단하던 상황이었습니다. 그러나 일론 머스크는 '무모하다'라는 평을 듣는 과감한 도전을 시작했고 수많은 실패를 거듭한 끝에 2008년, 첫 전기 스포츠카 '로드스터'를 세상에 공개하면서 전기차 시대의 시작을 알렸습니다.

자동차 산업의 초보자였던 일론 머스크는 왜 성공했고 오랜 역사와 자본을 가진 기존의 주류 기업들은 왜 뒤따르는 태도가 되었을까요? 기술력이나 자본의 문제만은 아닙니다. 필자는 그 차이가 바로 '소명'으로 받아들였느냐 아니냐에 있다고 생각합니다.

소명으로 받아들인다면 실패가 두렵지 않고 영혼을 갈아 넣어서라도 꼭 이뤄내야만 하는 가치 있는 도전이 됩니다. 반면 단순한 이윤 추구라면 몇 번의 실패만으로도 쉽게 포기하게 마련입니다. 결국 인류 문명의 진보에 어떤 방식으로 이바지하는가가 '소명'의 크기를 결정하며 그 소명이 곧 지속 가능한 혁신의 원동력이 되는 것입니다.

스티브 잡스는 "누구나 시간과 장소의 제약 없이 인터넷을 자유롭게 활용하도록 하겠다."라는 소명을 가졌습니다. 구글의 창립자들은 "세상의 정보를 체계화하여 누구나 유용하게 활용할 수 있게 하겠다."라는 소명을 세웠습니다. 그리고 테슬라는 "지구를 오염에서 구하고 인류의 생존을 위한 친환경 이동 수단을 실현하겠다."라는 소명을 기반으로 출발했습니다.

이들 모두는 인류 문명을 혁신적으로 발전시키는 데 지대한 공헌을 했으며, 그에 대한 보상으로 사회는 부와 명예를 안겨주었습니다.

위 3개 회사의 사례를 살펴보면 공통적인 것 하나가 있습니다. 세상의 변화를 간파하고 일반 대중들이 새롭게 나타난 기술을 가장 손쉽고 경제적으로 사용할 수 있게 만드는 해결책을 제공하는 것을 목표로 삼고 그것을 자신의 소명으로 확장한 다음, 목숨을 걸고 집중하여 다른 결과를 만들어내었다는 것입니다.

세상을 바꾸려면?

　　세상을 바꾸기 위해선 먼저 바꾸고 싶은 세상이 어떤 모습인지 구체적으로 정의해야 합니다. 어떤 문제를 해결하여 어떤 세상으로 변화시키고자 하는지 선명한 목표 이미지를 그리는 것이 출발점입니다. 이후 그 목표를 실현할 수단을 설정하고 수단을 창조하기 위한 이론과 과학기술을 개발해야 비로소 변화가 이루어집니다.

　　"무엇을, 왜, 어떻게 바꿀 것인가?" 이 순서에 따라 철저히 정리하고, 그것을 자신의 소명으로 받아들여 온 힘을 다해 실행한다면 세상은 반드시 바뀝니다. 이것은 인류 문명의 발전사 속에서 수없이 증명된 진리입니다. 하늘을 나는 비행기, 달에 착륙한 우주선, 심해를 탐험하는 잠수함 등 모든 곳에서 인간은 원하기만 하면 불가능을 가능으로 바꾸었습니다.

인간이 세상을 바꾸는 방식

첫째, 철학을 세워라.

철학은 어려운 개념이 아닙니다. 내가 어떤 세상에 살고 있고, 어떤 세상으로 변화시키고 싶은지를 고민하는 그것이 철학의 시작입니다. 가고자 하는 세계를 방해하는 근본적인 문제를 발견하고 왜 그 세상을 꿈꾸는지를 명확히 하는 과정입니다. 현재의 세상 안에서 세상을 해석하려 하기에 기존 세계의 문제를 알아보기도 어렵고, 새로운 세상의 기준조차 만들기 쉽지 않습니다. 하지만 이 세상을 넘어서는 것이 철학의 힘입니다.

자동차 산업을 예로 들어보면 지속 가능한 미래 자동차는 오염 물질을 배출하지 않고 스스로 목적지에 도달하는 자율주행을 갖추는 것이 바람직하다고 상상할 수 있습니다. 이로써 현재 자동차의 문제—화석연료 사용과 인간 운전 의존성—을 인식할 수 있습니다. 에너지를 전기로 전환하고 컴퓨터 제어 및 인터넷 연결로 원격·자율 운전을 가능케 하면 새로운 자동차 세상에 도달할 수 있습니다.

둘째, 목표를 설정하라.

목표란 목적을 구체적으로 실현하는 단계입니다. '학교 시설 개선', '교육 프로그램 개발', '전기차 배터리 개발'과 같은 실천 가능한, 측정할 수 있는 형태여야 합니다. 다만 기존 방식과는 전혀 다른 수준의 목표가 되어야 진정한 변화가 이루어집니다.

셋째, 이론과 지식을 생산하라.

기존 이론과 지식은 이미 있던 과거 문제 해결을 위한 것이며 새로운 세상에 적합하지 않을 수 있습니다. 현재의 문제를 해결하려면 새로운 이론과 지식이 필요한 이유입니다. 따라서 목표 달성을 위해선 새로운 이론과 지식을 만들어야만 합니다. 과학적·경제적·사회적 원리를 종합하여 신 이론을 구축해야 기술 개발이 뒤따를 수 있습니다.

넷째, 기술을 현실화하라.

새로운 이론을 실제로 구현하기 위한 기술 개발이 마지막 단계입니다. 예컨대 전기차라면 대용량 배터리와 초고속 충전 기술 같은 것이 그 예가 될 수 있습니다.

바뀌는 세상을 예측하기

바뀌게 될 다음 세상을 예측하려면 우선 지금, 이 세상에서 벌어지고 있는 현상들을 차분하게 있는 그대로 바라보는 것이 가장 중요합니다. 보고 싶은 대로만 보거나 생각하고 싶은 방향으로 해석하면 현상을 제대로 분석하고 개념화하기 어렵습니다. 특히, 완전히 새로운 세상을 기존의 문법으로 설명하려는 오류에 빠지기 쉽습니다.

인터넷 문명의 흐름에서 본 변화의 방식

1990년대 초반, 사이버 세계가 열린 이래 21세기 현재까지 인터넷 문명은 뚜렷한 순서를 따라 발전해 왔습니다.

Web 2.0 플랫폼 발전 단계

기술기반	포털 플랫폼	응용산업	모바일 플랫폼
1990년 초반	1990년 중반	1990년 후반	2007년 이후
데이터	검색 중심	상거래 플랫폼	앱스토어
KT 등 망사업자	야후, 구글	아마존, 이베이	플레이 스토어
사이버 중심		+실물 산업	

인터넷의 본질적인 속성을 정확히 간파하고 지식과 정보를 가장 빠르고 정확하게 검색할 수 있는 서비스를 제공한 구글은 정보 시대의 승자가 되었습니다. 이어 시간과 장소의 제약 없이 누구나 인터넷을 자유롭게 활용할 수 있게 하려면 '휴대전화'를 재창조할 필요가 있었습니다. 애플은 스마트폰을 노트북만큼 똑똑하게 만들고 어린아이부터 노인까지 누구나 쉽게 사용할 수 있도록 설계하여 Web 2.0 시대의 최종 종결자가 되었습니다.

앱스토어, 새로운 플랫폼의 등장

애플은 가장 강력한 플랫폼인 앱스토어를 완성하면서 사용자를 그 생태계 안에 머물게 했고 이로써 플랫폼의 패러다임을 바꾸었습니다. 앱스토어는 이전에 존재하지 않던 새로운 형태의 플랫폼이며, 애플은 이를 통해 천문학적인 수익을 창출하고 있습니다.

변화의 흐름은 지금 여기에서 벌어지는 현상을 있는 그대로 바라보고 그 속에 숨겨진 구조와 순서를 통찰력 있게 읽어낼 때 예측이 가능합니다. 다음 세상은 어떤 모습일까요? 지금의 '징후'를 함께 해석해 보면 그 방향이 보일지 모릅니다.

PART 4

지금 세상은 어떠한가?

디지털 문명의 발전 방향을 예측하는 방법

미래를 향해 열린 지평을 가지려면 먼저 역사적 인식을 바탕으로 디지털 문명의 발전 과정을 깊이 통찰해야 합니다. 단순한 지식의 축적을 넘어서 각 발전 단계의 인과 관계와 그 결과가 현재에 미치는 영향을 의미 있게 해석하는 과정이 필수적입니다. 이것이 바로 통시적 지평을 갖는 방법입니다.

시대의 정신을 간파하기

그다음은 현재의 시대적 상황과 역사적 발전 과정이 어떻게 맞물려 있는지를 간파해야 합니다. 수많은 사람이 디지털 기술을 어떻게 변형·재해석하며 이 시대의 그림을 그리고 있는지 면밀히 살펴보면 오늘날의 시대정신이 보입니다. 이는 단순히 기술의 변화가 아니라 인간의 욕망, 사회의 흐름, 가치 기준의 변화까지 포괄하는 통찰이 필요합니다.

가장 아름다운 미래를 상상하기

마지막으로 우리가 꿈꾸는 가장 바람직한 이상 세계를 설정하고 그 세계의 가치 기준을 창조합니다. 이 기준은 현재를 해석하고 문제를 진단하는 잣대가 되어야 하며 그로부터 근본적 원인을 도출하고 해결 방안을 찾는 도전을 시작해야 합니다.

이 과정은 쉽지 않습니다. 처음 가는 길은 누구나 어렵고 모든 것을 스스로 창조해야 하기 때문입니다. 하지만 그것을 자신의 소명으로 받아들이고 포기하지 않고 도전한다면 반드시 새로운 길을 열 수 있습니다. 역사는 이러한 진리를 반복해서 증명해 왔습니다.

실천적 통찰: 스티브 잡스와 일론 머스크의 사례

스티브 잡스는 스마트폰이라는 새로운 문명 기기의 가능성을 미리 인식하고 이를 통해 인간의 일상을 재정의했습니다. 일론 머스크는 전기자동차를 통해 지속 가능한 미래를 구체화하며 산업의 패러다임을 바꾸었습니다. 이런 사례를 되짚어보면 디지털 문명의 발전 방향을 예측하는 데 강력한 힌트를 얻을 수 있습니다.

다음은 블록체인?

그렇다면 블록체인 기술이 몰고 올 사회적 대변혁은 어떤 모습일까요? 이는 대단히 흥미롭고 중요한 주제입니다.

조금씩, 단단하게 앞으로 나아가다 보면 어느 순간 우리는 자신을 미래 학자로 인식하게 될지도 모릅니다. 그리고 그 미래를, 우리가 직접 설계하고 창조할 수 있게 됩니다.

블록체인으로 바뀔 세상 예측해 보기

블록체인의 기초개념 간략히 익히기

비트코인 백서를 기준으로 기초적인 용어만 간단히 정리해 보겠습니다.

(1) 블록체인이란?

　블록체인은 사용자 간에 디지털 거래에 신뢰 구축을 성사하게 시킨 소프트웨어 혁명입니다. 블록체인은 사용자 간의 거래를 추적, 검증 및 승인할 중개인 없이 네트워크 전체에 신뢰를 분산시켜 놓았습니다. 현재 대다수의 민간과 정부의 기관들은 사용자들 간의 거래를 중개인이 관리하는 시스템을 채택하고 있습니다. 그러나 이런 시스템들은 비용이 많이 들고 느리며 사이버 공격에 취약하다는 것들이 입증되고 있습니다.

(2) 스마트 콘트랙트란?

블록체인이 1세대에서 2세대로 넘어갈 수 있게 되는 가장 중요한 계기 중 하나로 블록체인 기술을 활용해 제3의 인증기관 없이 개인 간 계약이 이루어질 수 있도록 하는 기술입니다. 더욱 자세히는 계약상의 급부와 반대급부를 프로토콜화하여 소프트웨어 및 하드웨어에 미리 저장하고, 해당 계약을 이행하는 과정에서 조건 충족 여부의 판단을 인간이 아닌 컴퓨터 등의 기계가 대신 실행함으로써 제3의 인증기관이 필요 없도록 하는 개념을 의미합니다.

스마트 콘트랙트의 기본적인 특징은 다음과 같습니다.
① 관측가능성(observability) : 스마트 콘트랙트는 서로의 계약 이행 가능성을 관찰하거나 성과를 입증할 수 있어야 함
② 검증가능성(verifiability) : 계약을 이행하거나 위반할 때 계약 당사자들이 이를 알 수 있어야 함
③ 프라이버시(privity) : 계약 내용은 계약에 필요한 당사자만 알 수 있어야 함
④ 강제 가능성(enforceability) : 계약이 이루어질 수 있도록 구속력이 있어야 함

(3) 블록체인 용어 정의
① 비트코인은 노드 간 지급하는 전자 현금 시스템이라고 정의할

수 있습니다. 논문 제목이 "Bitcoin : A peer-to-peer electronic cash system"이라고 되어 있기 때문입니다.

② 비트코인 논문 2장에서 전자 코인을 전자 서명의 체인으로 정의합니다.

③ 작업 증명(PoW)은 비트코인 네트워크와 다른 여러 암호화폐에서 이중 지급을 방지하기 위해 채택한 합의 알고리즘입니다. 2008년 사토시 나카모토가 발표한 비트코인 백서에서 처음 소개되었습니다. 본질적으로 PoW는 비트코인 블록체인이 분산 합의를 달성하는 방식을 결정합니다. PoW는 제삼자 중개자 없이 신뢰가 필요 없는 방식으로 P2P 거래를 검증하는 데 사용됩니다. 비트코인과 같은 작업 증명(PoW) 네트워크에서는 채굴자가 거래를 검증합니다. 채굴자는 네트워크가 안전하고 정확하게 운영되도록 막대한 자원을 사용하는 참여자입니다. 채굴자는 거래 블록을 생성하고 검증하는 등의 작업을 수행합니다.

④ 지분증명(PoS) 시스템에서는 채굴자가 검증자로 대체됩니다. 채굴이나 해시값 추측 경쟁이 없습니다. 대신, 사용자는 무작위로 선정되고 선정되면 블록을 제안(또는 위조)해야 합니다. 블록이 유효하면 블록 거래 수수료로 구성된 보상을 받게 됩니다.

⑤ 이중지불(double spending) 문제는 동일한 자금이 동시에 두 명의 수취인에게 전송되는 디지털 현금 시스템에서 발생할 수 있는 잠재적 문제입니다. 지금 인터넷 세상에서 사용자는 받은 자금이

다른 곳에서 이미 사용되었는지 확인할 방법이 없습니다. 인터넷에서 가상화폐가 불가능한 이유는 복제의 문제가 있기 때문입니다.

⑥ 암호화폐 채굴은 비트코인(BTC)과 같은 암호화폐의 보안을 보장하는 프로세스입니다. 사용자 거래 내역을 검증하고 블록체인의 공개 원장에 추가하는 과정으로 채굴은 비트코인 네트워크가 탈중앙화될 수 있도록 하는 핵심 요소 중 하나이며 이는 중앙 기관 없이도 작동할 수 있음을 의미합니다. 채굴 작업은 기존 공급량에 새로운 코인을 추가하는 역할도 합니다. 이는 화폐를 찍어내는 것처럼 들릴 수 있지만, 암호화폐 채굴은 채굴 과정을 지배하는 일련의 하드 코딩된 규칙을 따르며 누구도 임의로 새로운 코인을 생성하지 못하도록 합니다. 이러한 규칙은 기본 프로토콜에 내장되어 있으며 분산 노드 네트워크에 의해 적용됩니다.

(4) DePIN이란?

기술 혁신이 점점 더 주도하는 세상에서 탈중앙화 금융과 물리적 인프라의 교차점은 지속 가능한 발전을 위한 새로운 선례를 만들고 있습니다. 블록체인 기술을 활용하여 물리적 자산의 구축, 관리 및 최적화 방식에 혁명을 일으키는 혁신적인 모델, 탈중앙화 물리적 인프라 네트워크를 DePIN이라고 합니다. 재생 에너지와 결합할 때, DePIN은 기존 에너지 시장을 혁신하고 지역 사회의 소유권을 증진하며 발전 및 배전에 대한 더욱 지속 가능하고 탈중앙화된 접근 방식을 장려할 잠재력을 가지고 있습니다.

블록체인과 인터넷의 근본적 차이

① 인터넷은 정보를 전송하는 데 들어가는 비용이 제로에 가까운 기술이고 블록체인은 가치를 전송하고 기록하는 데 들어가는 비용이 제로에 가까운 기술

② 인터넷 위에서 동작하는 세상을 Web 2.0 세상이라고 하며 블록체인과 스마트 콘트랙트 위에서 동작하는 세상을 Web 3.0 세상

③ Web 2.0 세상은 전문가들의 세상이고 Web 3.0 세상은 일반 대중의 세상

④ Web 2.0 세상은 지식 정보를 사용해 돈을 어떻게 벌 것인가 하는 문제를 연구하고 Web 3.0 세상은 돈 그 자체를 간파할 수 있는 식견이나 통찰력이 필요

⑤ Web 2.0 시대에는 돈은 자연물을 이용해 만들어내고 Web 3.0 시대는 누구나 컴퓨터 알고리즘을 이용해 프로그래밍으로 돈을 만듭니다.

⑥ Web 2.0 시대는 내 소유권이 중앙에 의해 통제되지만 Web 3.0 시대는 내 자산의 소유권을 온전히 자신이 통제함

⑦ 조직의 형태는 중앙화에서 탈중앙화(분산화, 분권화)로 변화

⑧ 회사의 형태가 직무 담당자 사람이 존재하는 것에서 사람이 없는

항목	인터넷 (Web 2.0)	블록체인 (Web 3.0)
기술 본질	정보 전송 비용 최소화	가치 전송 및 기록 비용 최소화
작동 기반	웹, 서버, 브라우저, HTML	분산 원장, 스마트 콘트랙트, 알고리즘
사용자 중심	전문가 중심	대중 중심
핵심 통찰력	정보 활용 능력	가치 구조에 대한 통찰력
화폐제조방식	자연을 기반(금, 화폐 등)	컴퓨터 기반 알고리즘
소유권 통제	중앙 기관(정부, 기업)에 의한 통제	개인 직접 통제
조직 구조	중앙화된 시스템	탈중앙화, 분권화된 DAO 조직
플랫폼 예시	구글, 페이스북, 애플	이더리움, 올림푸스 다오, WebKey 등

DAO의 형태로 변화

블록체인의 기반 기술을 응용한 금융 산업 사례 보기

블록체인을 기반 기술로 사용하는 시대 전체를 일컬어 우리가 Web 3.0 시대라고 하며 인터넷 중심 시대를 Web 2.0 시대라고 부르기로 사회적 합의가 이루어지고 있습니다.

그러면 2008년 비트코인 블록체인이 나오고 나서 2025년 상반기 지금까지 블록체인 기술을 이용한 다양한 응용 산업이 출현하였을 것이고 또한 앞으로 출현할 수 있는 다양한 산업 분야도 있을 것입니다. 이미 런칭되었던 사례들 몇 가지를 이해하면 향후 어떻게 블록체인 Web 3.0 세상이 전개될 것인가 영감을 얻는 데 도움이 될 것 같습니다.

(1) 금융 분야의 블록체인 응용 산업

① 탈중앙화 금융 (DeFi)

- 특징: 중앙 기관 없이 스마트 계약을 통해 금융 서비스를 제공
- 예시: 탈중앙화 거래소(DEX), 대출 플랫폼, 스테이블코인, 유동성 공급

② 보험 (InsurTech)

- 특징: 블록체인을 활용해 보험 계약을 자동화하고 투명성을 강화
- 예시: 스마트 계약 기반 보험 청구, P2P 보험 모델, 블록체인 기반 리스크 평가

③ 결제 및 송금

- 특징: 기존 금융 시스템보다 빠르고 저렴한 글로벌 결제 가능
- 예시: 스테이블코인 결제, 크로스보더 송금, 중앙은행 디지털 화폐(CBDC)

④ 자산 토큰화

- 특징: 부동산, 예술품, 주식 등을 블록체인 기반 토큰으로 변환하여 거래 가능
- 예시: NFT, 증권형 토큰(STO), 부동산 토큰화

⑤ 신원 인증 및 KYC

- 특징: 블록체인을 활용해 신원 인증을 간소화하고 보안을 강화
- 예시: 디지털 신원 인증, 블록체인 기반 KYC(Know Your

Customer) 시스템

⑥ 거래 및 투자
- 특징: 블록체인 기술을 활용해 투명한 금융 거래 및 투자 가능
- 예시: 탈중앙화 자산 관리, 블록체인 기반 펀드, 자동화된 투자 전략

DeFi 금융 분야의 응용 산업은 뒤에서 다루는 WebKey 편에서 좀 더 상세히 보기로 하고 보험 산업에서 좀 더 상세하게 구체적으로 어떻게 블록체인 기술이 적용되는지를 보는 것도 대단히 흥미로운 일입니다.

① 인슈어리움 프로토콜 (Insureum Protocol)
- 개요: 블록체인 기반 보험 데이터 플랫폼으로, 보험사와 보험 계약자를 연결하는 역할을 하는 스마트 콘트랙트 기반 보험 데이터 플랫폼으로 보험사와 보험 계약자를 연결하는 역할을 하는 스마트 콘트랙트
- 특징
  - 보험 계약자의 생애주기 자료를 수집하여 맞춤형 보험 상품을 제공
  - 스마트 계약을 활용해 보험금 지급 및 관리 자동화
  보험사와 데이터 제공자 간의 투명한 정보 공유 가능
- 활용 사례: AXA손해보험이 인슈어테크 스타트업 직토(ZIKTO)와 협력하여 보험 상품 개발 및 판매에 활용

② 실손보험 자동 청구 서비스
- 예시: 교보생명의 블록체인 기반 실손의료보험금 자동 청구 서비스
- 특징: 병원에서 진료 후 보험금 청구가 자동으로 이루어져 편의성이 증가
- 한계: 병원과 보험사 간의 데이터 연계 부족으로 확산이 더디게 진행됨

③ 파라 메트릭 보험
- 예시: 프랑스 AXA의 비행 지연 보험 'Fizzy'
- 특징: 비행기가 일정 시간 이상 지연되면 스마트 계약을 통해 자동으로 보험금 지급
- 한계: 시장 반응이 저조해 서비스가 중단됨

④ P2P 보험
- 예시: 영국의 'Teambrella'
- 특징: 보험 가입자들이 직접 보험금 지급 여부를 결정하는 방식
- 장점: 투명성과 신뢰성이 높아지고, 수수료 부담이 낮아짐

(2) 생산 현장 응용 사례

1) 공급망 관리 (Supply Chain Management)
- 특징: 제품의 생산, 유통 과정을 투명하게 관리하여 위조 방지 및 품질 보증 가능

- 구체적 내용: 월마트(Walmart)는 블록체인을 활용해 식품 공급망을 추적하여 신선도를 보장하고, 식품 안전 문제 발생 시 신속한 리콜이 가능

월마트가 이렇게 블록체인을 자신들의 사업에 적용하여 좋은 성과를 거둔 사례 두 가지만 들면,

① 중국 시장에서 돼지고기 유통 문제 해결

월마트는 중국에서 돼지고기의 위생 문제를 해결하기 위해 블록체인 기술을 도입

- 문제점: 중국 내 일부 공급업체가 위생 기준을 준수하지 않아 가짜 고급 돼지고기나 유통기한이 지난 제품이 판매되는 문제가 발생
- 해결 방법: 돼지고기 생산부터 유통까지 모든 과정을 블록체인에 기록하여 원산지, 배치 번호, 가공 데이터, 운송 정보 등을 실시간으로 추적
- 성과: 블록체인 시스템을 통해 문제가 발생한 돼지고기를 단 2.2초 만에 추적할 수 있게 되어, 기존에 1주일 이상 걸리던 문제 해결 시간이 획기적으로 단축

② 미국 시장에서 망고 유통 추적

월마트는 IBM과 협력하여 미국 내 망고 유통 과정을 블록체인으로

관리
- 문제점: 기존 시스템에서는 상한 망고를 찾는 데 일주일 이상 소요됨
- 해결 방법: 블록체인을 활용해 망고의 생산, 가공, 유통 과정을 실시간으로 기록하여 문제 발생 시 즉각적인 대응 가능
- 성과: 블록체인 도입 후 2.2초 만에 상한 망고를 추적할 수 있게 되어 식품 안전성이 크게 향상됨

2) 품질 관리 및 데이터 인증
- 특징: 생산 과정에서 발생하는 데이터를 블록체인에 기록하여 위변조 방지 및 신뢰성 확보
- 구체적 내용: BMW는 블록체인을 활용해 자동차 부품의 품질을 추적하고, 위조 부품 유통을 방지하는 시스템을 구축
- 스마트 계약을 통한 자동화
- 특징: 계약 조건이 충족되면 자동으로 실행되는 스마트 계약을 활용해 생산 및 거래를 효율화
- 구체적 내용: 폭스바겐(VW)은 블록체인 기반 스마트 계약을 활용해 공급업체와의 거래를 자동화하여 비용 절감과 효율성을 높임

3) 제조 공정 데이터 관리

- 특징: 생산 공정에서 발생하는 데이터를 블록체인에 저장하여 실시간 모니터링 및 분석 가능
- 구체적 내용: GE(General Electric)는 블록체인을 활용해 항공기 엔진의 제조 및 유지보수 데이터를 기록하여 정비 이력을 투명하게 관리

4) 원자재 및 제품 추적
- 특징: 원자재의 출처를 추적하여 윤리적 생산을 보장하고 소비자에게 신뢰성 높은 정보를 제공
- 구체적 내용: 데비어스(De Beers)는 블록체인을 활용해 다이아몬드의 채굴부터 최종 소비자에게 전달되는 과정을 추적하여 윤리적 채굴을 보장

돈에 대한 고정관념 깨부수기

돈이란 무엇인가?

"돈, 너 도대체 어떤 놈이냐?"

우리는 경제학 도서를 통해 돈이 시대에 따라 변천해 왔다는 사실을 지식으로 알고 있습니다. 하지만 진정으로 '돈이란 무엇인가'라는 본질적인 질문에 대해 깊이 고민해 본 적은 거의 없습니다. 그럴 계기조차 없었기 때문입니다. 하지만 2008년 비트코인의 등장 이후, 이제는 돈의 본질에 대해 엄밀하게 숙고하고 정확히 꿰뚫을 필요가 생겼습니다. 이 주제는 Web 3.0 시대의 필수 교양이라 할 수 있습니다.

철학적이고 인문학적 관점에서 보면, "돈이란 우리가 신뢰하는 숫자다."라는 정의가 가능합니다. 이 단순하지만 강력한 개념은 모든 종류의 돈을 설명할 수 있는 기준점을 제공합니다. 돈이란 결국 사회적 신뢰를 숫자로 표현한 것입니다.

어떤 것이 돈이 될 수 있는가?

그 질문에 답할 수 있을 때 우리는 돈에 대한 고정관념을 넘어 더 넓은 생각의 폭을 가지게 됩니다. 역사적으로 보면 사람들은 커다란 바윗돌, 조개껍질, 짐승 가죽, 금속, 종이, 그리고 오늘날에는 컴퓨터 알고리즘을 이용해 프로그램한 것까지 무엇이든 돈으로 사용해 왔습니다. 즉, 사용자 간의 합의만 있으면 그 어떤 것도 화폐가 될 수 있다는 것입니다.

비트코인은 무엇인가?

오늘날 가장 주목받는 비트코인과 이더리움은 인간이 만든 컴퓨터 프로그램으로 만들어진 돈, 일명 프로그램 머니(Programmable Money)입니다. 자연물 기반의 화폐에서 이제는 인간이 직접 프로그래밍한 화폐로 진화한 셈입니다.

돈의 신뢰는 어디서 오는가? 돈은 신뢰하는 숫자이며 그 신뢰의 기반은 사회적 합의입니다. 이 사회는 마을, 국가, 세계 전체일 수도 있고 사이버 플랫폼 또한 하나의 사회로 간주할 수 있습니다. 가상화폐란 그 사회 내부 구성원들이 합의하여 사용하는 디지털 프로그램 머니입니다.

우리는 이제 단순히 "돈을 어떻게 벌 것인가"를 넘어서 "돈이란 무엇이며, 왜 존재하며, 누가 만들 수 있는가?"를 질문해야 할 시대에 살고 있습니다. 아래 사진은 무엇일까요?

얍 스톤이라고 불리는 화폐입니다. 얍 스톤은 얍 섬(Yap Island)이라는 미크로네시아 연방(Federated States of Micronesia)에 속한 섬으로 서태평양에 자리 잡고 있습니다. 팔라우(Palau)와 괌(Guam) 사이에 자리 잡고 있으며 야프 국제공항(Yap International Airport)을 통해 접근할 수 있습니다. 얍 스톤은 20세기 초반까지 얍 섬의 공식 화폐로 사용되었다고 합니다. 얍 섬(Yap)의 얍 스톤은 독특한 화폐로 거대한 석회암 원반 형태를 띠고 있습니다.

- 기원: 얍 섬에는 석회암이 없었기 때문에 주민들은 약 650km 떨어진 팔라우(Palau)섬에서 석회암을 채굴해 와 돈으로 사용했습니다.
- 제작 과정: 석회암을 원반 모양으로 다듬고 중앙에 구멍을 뚫어 운반하기 쉽게 만들었으며 이후 카누나 뗏목을 이용해 얍 섬으로 옮겼습니다.
- 거래 방식: 얍 스톤은 실제로 이동시키지 않고 마을 사람들이 누구의 소유인지 기억하는 방식으로 거래되면 심지어 바다에 가라앉은 돌도 여전히 화폐로 인정받았습니다.

- 가치 평가: 크기와 제작 과정에서의 어려움이 가치에 영향을 미쳤으며, 자연 그대로의 모습일수록 더 높은 가치를 가졌습니다.

얍 섬에는 전해 내려오는 얘기 중 대단히 흥미로운 이야기가 있습니다. 5명의 얍 섬 사람이 팔라우섬에서 얍 스톤을 제작하여 얍 섬으로 옮기던 도중 실수로 깊은 바다에 빠뜨리는 일이 벌어졌습니다. 섬으로 돌아온 일꾼들이 이 사실을 알리자, 주민들은 오히려 괜찮다고 반응했습니다.

왜일까요? 그 돌이 실제로 존재했으며 어디에 있는지도 모두가 알고 있고 누구도 그 돌을 가져갈 수 없는 안전한 곳에 있다는 사실에 공감했기 때문입니다. 결국 주민들은 그 돌이 비록 물리적으로는 없지만 여전히 돈으로서의 가치를 지닌다고 합의하고 장부에만 그 소유 내역을 기록하여 화폐로 인정하기로 했습니다. 이 이야기는 오늘날의 가상화폐 개념과 놀라울 정도로 유사합니다.

조개껍질도 돈이 될 수 있을까?

역사적으로 섬나라나 바닷가 지역에서는 실제로 조개껍질이 화폐로 사용된 적이 있습니다. 단, 흔한 조개가 아닌 그 지역에서는 쉽게 구할 수 없는, 희귀한 조개껍질만이 화폐로서 기능했습니다. 화폐의 핵심은 희소성이기 때문입니다.

예를 들어 금은 매년 채굴되지만, 그 양이 매우 제한되어 있어 여전히 희소성을 유지하고 있습니다. 반면에 깊은 산속에서 조개껍질이 대량으로 발견되기 시작하면서 조개 화폐는 점차 그 가치를 잃게 되었습니다. 이는 땅이 융기되면서 바닷속 유물이 육지로 드러나기 시작한 지질학적 변화와도 연관이 있습니다.

눈에 보이지 않는 돈의 시대

오늘날의 화폐는 더 이상 돌이나 조개 같은 자연물이 아닙니다. 인간이 만든 디지털 프로그램, 즉 컴퓨터 코드가 곧 화폐가 되는 세상이 펼쳐졌습니다. 그것도 정부 기관이 아닌 개인 누구나 만들 수 있다는 점에서 기존의 통화 시스템과 큰 차이를 보입니다. 이런 시스템에서 돈의 신뢰는 바로 '블록체인' 기술이 담당합니다. 눈에 보이지 않는 프로그램 머니임에도 그 작동 원리와 희소성이 기술적으로 보장되기 때문입니다.

우리는 시민으로서 어떤 권력도 이양하지 않았지만, 어느새 개인이 직접 화폐를 설계하고 공유하는 시대를 맞이하게 된 것입니다.

결국, 돈이란 무엇인가?

돈이란 본질적으로 한 지역 혹은 공동체의 합의에 따라 결정되는 것입니다. 그것이 바닷속 깊이 가라앉은 돌이든, 희귀 조개껍질이든, 혹은 전 세계 어디에서도 실체 없이 떠다니는 컴퓨터 코드이든 상관없습니다. 사람들이 그것을 믿고, 가치를 인정하고, 함께 사용하기로 약속하면 그 자체로 '돈'이 됩니다. 이 점을 마음속 깊이 새기는 것은 우리가 새로운 화폐 시대를 살아가는 데 있어 큰 인사이트가 될 것입니다.

DeFi 개념 발전 과정

DeFi 1.0 DEX거래소 출현 DEX(탈중앙화 거래소)는 중앙 집중식 거래소(CEX)와 달리, 중개자 없이 사용자 간 직접 암호화폐를 거래할 수 있는 플랫폼입니다. DeFi 2.0은 올림푸스 다오가 온체인 금융 시스템을 창조하면서 웹키의 DeFi 3.0 시대의 기초를 만들었습니다.

웹키는 DeFi 분야 중 Web 3.0폰을 온체인 금융 시스템과 창의적 연결을 통해 웹키 플랫폼에 참여하는 모든 사람에게 경제적 혜택을 주는 진정한 오픈 금융 DeFi 3.0 시대를 열어젖혔습니다. 발전 과정을 살펴보면 다음과 같습니다:

① 초기 발전: 비트코인의 등장과 함께 중앙 집중식 거래소가 활성화되었지만, 이에 대한 대안으로 DEX 개념이 등장했습니다.

② 스마트 계약 도입: 이더리움의 스마트 계약 기술이 적용되면서 자동화된 거래가 가능해졌습니다.

③ 초기 DEX 플랫폼: 기능 제한과 유동성 부족의 문제가 있었습니다.

④ 기술적 발전: 자동 시장 생성자(AMM)와 유동성 풀(Liquidity Pool) 개념이 도입되면서 거래 효율성이 향상되었습니다.

⑤ 대중화: 최근에는 사용자 인터페이스 개선과 DeFi(탈중앙화 금융) 생태계 확장으로 인해 DEX가 널리 사용되고 있습니다.

동작 메커니즘은 다음과 같습니다:

- 블록체인 기반: 모든 거래가 블록체인에 기록되며 중앙 서버 없이 운영됩니다.
- 스마트 계약: 거래 조건이 충족되면 자동으로 실행됩니다.
- 유동성 풀: 사용자가 토큰을 예치하면 거래를 원활하게 할 수 있도록 유동성을 제공합니다.
- 자동 시장 생성자(AMM): 주문서 없이 알고리즘을 통해 가격을 결정하고 거래를 수행합니다.
- 온체인 금융 시스템 : 올림푸스 다오는 코인 주조 모델로 DeFi 2.0 시대를 열었습니다. DEX는 사용자에게 보안성과 익명성을 제공하나 유동성 부족과 규제 문제 등의 도전 과제도 존재합니다.

PART 5

WebKey가 만들어가는 세상 들어가기

모두를 위한 Web 3.0의 문을 열다

Web 3.0 시대는 어느 날 갑자기 우리 곁으로 성큼 다가왔습니다. 그러나 많은 일반인에게 이 세상은 낯설고 어렵게만 느껴집니다. Web 3.0의 핵심은 누구나 평등하게 디지털 세상의 주인이 될 수 있는 기회, 바로 블록체인 기술이 이끄는 기술 민주화의 혁명입니다. 하지만 현실은,

- 블록체인 기술은 여전히 일반 대중에게 복잡하고 이해하기 어려운 대상이며
- 이를 기반으로 한 혁신 프로젝트들조차 쉽게 다가가기 힘든 것이 사실입니다.

그래서 웹키는 다음과 같은 목표를 갖습니다.

"누구나 Web 3.0 세상에 쉽게 진입하고 그 기회를 누릴 수 있도록 돕는 도구를 만들자!"

웹키는 DeFi 3.0과 Web 3.0 기반 스마트폰 기술을 토대로 전문가가 아니어도 누구나 손쉽게 Web 3.0의 가능성을 경험하고 활용할 수 있는 유일한 플랫폼을 구축하고자 합니다. 이 도구(tool) 하나만 있으면,
- 복잡한 기술 지식 없이도
- 누구나 블록체인 기반 서비스에 참여하고
- 디지털 자산의 소유자, 창작자, 기여자로서 평등한 주인이 될 수 있습니다.

WebKey는 지금 어떻게 세상을 보는가?
– DeFi 금융 발전사 둘러보기

DeFi의 특징

탈중앙화 금융(DeFi, Decentralized Finance)은 블록체인 기술을 기반으로 기존 금융 서비스와 유사한 기능을 중앙 기관 없이 제공합니다. 그 가장 큰 특징은 사용자가 자산을 직접 소유하고 통제할 수 있다는 점입니다. 이는 개인에게 더 넓은 접근성과 자율성, 그리고 투명한 금융 환경을 제공하는 데 이바지합니다.

DeFi 플랫폼은 스마트 계약(Smart Contract)을 통해 거래를 자동화하여 사용자가 낮은 수수료로 다양한 금융 상품에 쉽게 접근할 수 있게 합니다. 예를 들어, 탈중앙화 거래소(DEX)는 제삼자의 개입 없이도 암호화폐를 거래하도록 지원하며 보다 안전하고 자유로운 환경을 제공합니다.

(1) DeFi의 핵심 특징

- 탈중앙화: 중개자 없이 직접 거래할 수 있으며 누구나 금융 서비스에 참여할 수 있습니다.
- 개방성: 오픈소스 기반으로 누구나 프로토콜 참여 및 개발이 가능합니다.
- 상호운용성: 다양한 DeFi 애플리케이션이 상호 연결되어 새로운 금융 생태계를 창출합니다.
- 투명성: 모든 거래는 블록체인에 기록되어 누구나 검증할 수 있습니다.

DeFi의 발전 과정을 단계별로 이해하는 것은 매우 중요합니다. 각 프로젝트가 다루는 과제와 해결 방식이 서로 다르기 때문입니다. 앞으로도 다양한 형태의 DeFi 프로젝트들이 지속적으로 등장할 것으로 기대됩니다.

(2) DeFi 1.0 - 유니스왑(Uniswap)의 탄생과 영향력

Uniswap 프로토콜은 이더리움 및 여러 주요 블록체인에서 암호화폐 토큰을 교환하도록 설계된 가장 대표적인 탈중앙화 거래소(DEX)입니다. 2018년 헤이든 애덤스(Hayden Adams)가 개발하였으며, 현재는 Uniswap Labs를 통해 NFT 및 온체인 디지털 자산 시장까지 확장되었습니다.

1) Uniswap의 성과와 규모
- 총거래량: 2조 달러 이상

- 누적 스왑 거래: 4억 6,500만 건
- 예치 자산 총액(TVL): 50억 달러 이상
- 지원 체인: 이더리움, 베이스, 폴리곤, 아비트럼, 조라, 아발란체, 옵티미즘, 블라스트, ZKsync, 셀로, 바이낸스 스마트 체인 등

2) Uniswap의 핵심 작동 방식

- 스마트 계약 기반 Uniswap은 이더리움 스마트 계약으로 구성된 탈중앙화 거래소입니다. 누구도 이 코드를 수정하거나 제어할 수 없으며, 개발자가 사라지더라도 블록체인상에 영구적으로 작동합니다.
- 유동성 풀(Liquidity Pool) 거래를 위해 특정 토큰 쌍을 예치하는 유동성 공급자(LP)가 필요하며 이들은 거래 수수료를 보상으로 받습니다. 누구나 참여할 수 있어 금융 참여의 민주화를 실현합니다.
- AMM(Automated Market Maker) Uniswap은 전통적인 오더북(주문서) 방식이 아닌 AMM 알고리즘을 사용합니다. 수학적 공식을 활용해 거래 가격을 실시간으로 결정하고 주문 없이도 즉시 거래가 가능합니다.

상수 곱 공식: $x \times y = k$

- x: 첫 번째 토큰(예: USDT)의 잔액
- y: 두 번째 토큰(예: ETH)의 잔액
- k: 두 토큰 잔액 곱의 상숫값 (거래 후에도 유지)

> 예시
> - 초기 풀: 10 ETH * 1000 USDT → k = 10,000
> - 사용자가 1 ETH 구매 시 → 남은 잔액: 9 ETH * 1111.11 USDT
> - 비율 유지: 9 × 1111.11 ≈ 10,000

이를 통해 공급량에 따라 유동적이고 공정한 가격 형성이 가능하며, 중앙 개입 없이 자동으로 운영됩니다. Uniswap의 등장은 단순한 기술 개발을 넘어 자산의 탈중앙화된 소유와 거래 방식의 새로운 표준을 제시했다는 점에서 DeFi 1.0의 결정적인 이정표로 평가받습니다.

(3) DeFi 2.0 - 올림푸스 다오(OlympusDAO) 프로젝트

올림푸스 다오(OlympusDAO)는 2021년 3월 출범한 혁신적 탈중앙화 금융 프로젝트로, 기존 DeFi 시스템의 한계를 극복하고 새로운 준비통화 모델을 제시하며 주목받았습니다. 이 프로젝트는 자체 토큰인 OHM을 중심으로, "프로토콜이 유동성을 소유한다."라는 새로운 구조를 도입해 DeFi 2.0 시대를 열었습니다.

1) 올림푸스 다오의 주요 특징

① 유동성 소유 모델(Protocol-Owned Liquidity)

기존 DeFi 프로토콜은 사용자들이 유동성을 공급하면 그 대가로 보상을 주는 방식이었으나, 올림푸스 다오는 프로토콜 자체가 유동성을 직접 소유합니다. 이를 통해 외부 유동성 유출을 방지하고, 장기적인 안정성과 지속 가능한 생태계를 구축할 수 있습니다.

② 리베이스(Rebase) 메커니즘

OHM 토큰 보유자들은 스테이킹을 통해 지속적인 보상을 받을 수 있으며, 이는 리베이스 시스템을 통해 이뤄집니다. 공급량이 조정되면서 보유 비율은 일정하게 유지되지만, 총보유 수량은 증가합니다.

③ 본딩(Bonding) 시스템

사용자들은 특정 자산(예: DAI, LP 토큰)을 프로토콜에 예치하고 할인된 OHM을 구매할 수 있습니다. 이 방식은 프로젝트에는 국고(Treasury) 유동성 확보, 사용자에게는 저렴한 가격에 토큰 획득이라는 이점을 제공합니다.

④ 토큰 민팅 시스템

국고에 1달러 가치의 자산이 들어오면 새로운 OHM 토큰을 1개 민팅하여 공급합니다. 이는 OHM의 가격을 국고 가치에 기반해 간접적으로 최저가격(내재 가치)을 보증하는 것을 의미합니다.

⑤ DeFi 2.0의 선구자

올림푸스 다오는 DeFi 2.0 모델의 원형으로 평가받으며, 이후 등장한 여러 포크 프로젝트(OHM 기반 프로젝트)에서 모범 사례가 되었습니다. 이는 유동성과 지속 가능성에 대한 새로운 해법으로 주목받고 있습니다.

2) 현재 올림푸스 다오의 규모

올림푸스 다오 공식 웹사이트에 따르면 아래에 잘 나와 있습니다. 이러한 지표들은 OlympusDAO가 단기 유행을 넘어서 지속 가능한 탈중앙화 온체인 금융 시스템으로 성숙하고 있음을 보여줍니다.

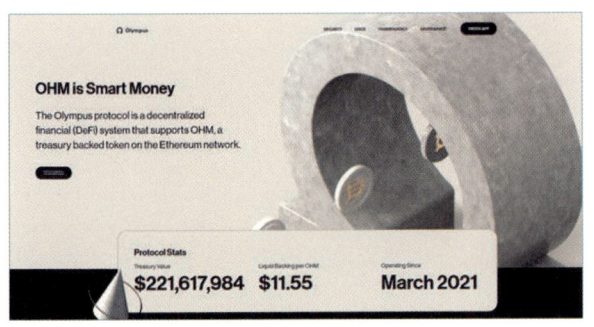

최근 1년간 프로젝트의 성장을 볼 수 있는 OHM토큰의 가격 변화 그래프를 보면 알 수 있습니다. 4$에 첫 상장을 시작하여 4년간의 성장 과정을 거치면서 최근 1년간 안정적인 성장 상황을 보여주고 있습니다. 미래가 더욱 기대되는 프로젝트로 평가받고 있습니다.

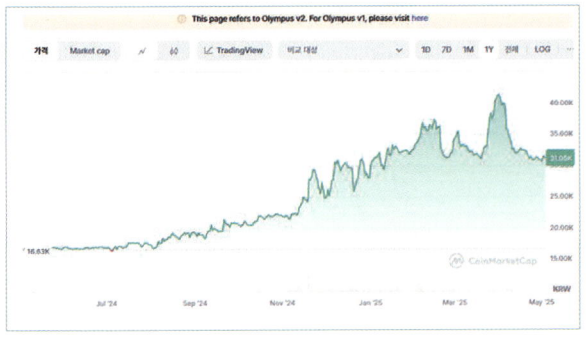

Web 3.0폰 발전 엿보기

Web 3.0폰의 현재와 웹키의 전략적 역할

2025년 7월 현재, Web 3.0 스마트폰의 발전 현황과 전문가들의 인식 수준을 정확히 파악하는 일은 매우 중요합니다. 그래야만 웹키(WebKey)가 어떤 문제의식을 바탕으로 어느 지점에 초점을 맞추어야 근본적인 혁신을 실현하고 Web 3.0폰 생태계의 중심 플랫폼으로 자리 잡을 수 있을지 판단할 수 있기 때문입니다.

특히 Web 3.0 시대는 단순한 기술의 진화가 아니라 정보의 소유와 통제 구조가 개인 중심으로 재편되는 패러다임 전환의 시기입니다. 하지만 여전히 일반 대중은 이러한 변화의 핵심에 쉽게 접근하지 못하고 있으며, 실질적으로 체감할 수 있는 Web 3.0 경험 역시 부족한 것이 현실입니다.

인용한 자료 소개

아래에 인용한 글은 한국의 대표적인 IT 기업이 블록체인폰에 대해 어떤 시각을 가졌는지를 잘 보여주는 사례로, Web 3.0 스마트폰에 대한 업계의 현재 인식 수준을 가늠할 수 있는 귀중한 자료입니다. 해당 내용을 바탕으로 웹키가 어떤 차별화된 기술력과 사용자 접근 전략을 가져야 할지 방향성을 더욱 명확히 설정할 수 있을 것입니다.

(1)

LG CNS가 보는 세상

- 글 | 윤준탁 | IT 저널리스트

2000년대 초반부터 등장한 웹 2.0은 PC와 인터넷 중심의 시대였습니다. 이후 스마트폰과 모바일 앱이 등장하면서 웹 2.0 기반의 모바일 생태계가 탄생했는데요. 모바일은 인터넷의 대중화는 물론 새로운 비즈니스 모델과 서비스를 만들어내는 거대한 촉진제 역할을 했습니다.

블록체인을 기반으로 나타난 Web 3.0 서비스는 모바일 이전의 웹 2.0과 유사하게 PC에서 처리하는 비중이 높았는데요. 상세한 데이터 확인이나 NFT를 발행하는 등의 일은 많은 정보를 표시해야 하기 때문입니다. 따라서 대부분 블록체인 관련 서비스는 PC의 웹 브라우저에서 이루어졌는데요. 하지만 점차 P2E 게임과 NFT 거래, 암호화폐 지갑 등을 중심으로 Web 3.0 서비스가 모바일 전용 앱으로 옮겨가고 있습니다.

1) 중앙화 구조에 의존하는 Web 3.0 모바일

    2019년 기준, 20억 명이 넘는 사람들이 스마트폰만으로 인터넷을 이용하고 있습니다. 최근 한 리포트에 따르면 2025년까지 전체 인터넷 사용자의 약 74%에 해당하는 37억 명이 스마트폰을 통해 웹에 접속하리라 예측했는데요. PC나 다른 하드웨어보다 스마트폰과 태블릿 등 모바일 기기를 통한 인터넷 의존도가 계속 높아질 전망입니다. 모바일은 사람들이 이동 중에도 온라인 세상을 즐길 수 있도록 만들었습니다.

    모바일 운영 체제(Operating System, OS) 위에 다양한 애플리케이션이 등장해 우리 생활을 크게 바꿔 놓았는데요. 스마트폰이라는 하드웨어와 모바일 앱이라는 소프트웨어가 모바일 세상을 여는 중요한 축으로 자리 잡았습니다. 여러 메신저와 SNS를 통한 이동 통신이 우선인 요즘, Web 3.0의 모바일화는 더욱 중요한 경향이 될 것입니다. 흥미로운 사실은 탈중앙화를 핵심 가치로 두는 Web 3.0에서 현재의 모바일 운영 체제 생태계가 중앙화된 두 기업에 의해 관리되고 있다는 점입니다. 두 기업은 바로 구글의 안드로이드 OS와 애플의 iOS인데요. 구글 플레이스토어와 애플 앱스토어에서 모든 스마트폰 앱의 출시와 판매가 이루어집니다. 이러한 구조는 몇 가지 중대한 문제점을 갖고 있는데요.

첫 번째는 수수료입니다. 앱을 만들면 모바일 앱 마켓 플레이스에 등록해야 하고, 해당 마켓 플레이스에서 앱이 판매되는 과정에서 최대 30%에 달하는 수수료가 부과되는데요. 각종 앱 생태계의 규정을 구글과 애플이 결정하기 때문에 앱 결제 수수료 관련 문제가 이슈로 떠오르기도 했습니다. 또한 모바일 앱 관련 정책과 데이터 관리의 주도권은 구글과 애플에 있습니다. 비싼 수수료를 내야 하는 웹 2.0 기반 모바일 앱 플랫폼을 Web 3.0 시대에도 계속 사용해야 할까요? 모바일 앱을 심사 및 검열하는 과정은 각 플랫폼의 정책에 따르기 때문에 앱 개발사는 자유로운 개발을 보장받지 못하거나 앱의 가치를 온전히 인정받을 수 없습니다.

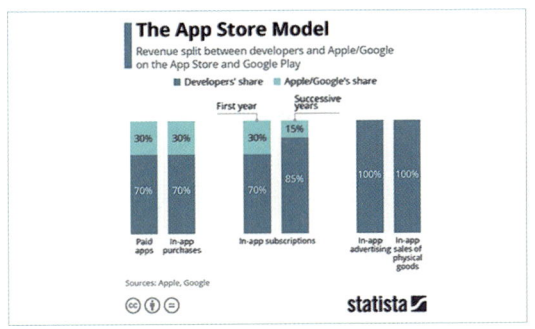

앱스토어 수수료 구조 (출처: Statista)

2) Web 3.0 모바일은 가능할까?

대만 스마트폰 제조사인 HTC는 2018년 10월 엑소더스1(Exodus 1)이라는 스마트폰을 출시했습니다. 암호화폐 지갑이 스마트폰에 내장되어 있고 비트코인 노드 역할이 가능했는데요. 비슷한 시기 이스라엘의 시린랩스(Sirin Labs)도 안드로이드 OS 기반의 시린 OS를 탑재하고 보안 기능을 강화한 블록체인 스마트폰을 내놓았고 삼성전자도 암호화폐 지갑을 탑재한 스마트폰을 출시했습니다. 이러한 블록체인 스마트폰은 기존 스마트폰의 성능에 미치지 못하고 사용성이 떨어져 대중화에 실패했습니다. 하지만 조금 더 발전된 성능과 대중적인 블록체인 스마트폰이 개발된다면 Web 3.0의 대중화에 이바지하는 이상적인 매개체가 될 것입니다.

HTC의 엑소더스1 스마트폰(출처: HTC)

블록체인 스마트폰은 여러 장점이 있습니다. 기본적인 스마트폰의 기능과 더불어 하드웨어 지갑이 내장되어 있는데요. 암호화폐는 물론 NFT와 같은 디지털 자산을 안전하게 보관하는 게 가능합니다. 블록체인 네트워크에 연결된 지갑에 디지털 자산을 보관하지 않고, 스마트폰 내 지갑에 옮겨 보안성을 높이죠. 블록체인 스마트폰은 다양한 블록체인 기반 분산형 앱에 대한 접근성도 높습니다. 별도 다운로드 없이도 기본적으로 모바일 앱이 내장되어 있는데요. 스마트폰으로 암호화폐를 채굴하거나 암호화 보안키 저장 및 관리하는 것도 가능합니다.

2022년, 블록체인 스마트폰이 재도전을 시작했습니다. 대표적인 블록체인 메인넷 중 하나인 솔라나(Solana)가 자체 스마트폰을 직접 생산하겠다고 발표했는데요. 솔라나는 '사가(Saga)'라는 이름의 스마트폰을 2023년에 출시한다고 밝혔습니다. 사가는 안드로이드 OS 기반의 스마트폰으로 개인 암호화에 초점이 맞춰져 있는데요. 전용 결제 및 암호화폐 지갑을 사용할 때 거래 서명에 대한 보안과 데이터 저장 등을 지원합니다.

솔라나는 하드웨어인 스마트폰뿐만 아니라 소프트웨어 생태계를 구축하기 위한 준비도 진행 중입니다. 자체 개발 도구(Software Development Kit, SDK)와 개발 라이브러리를 제공해 많은 개발자가 솔라나 블록체인 전용 모바일 앱을 제작할 수 있도록 지원하는데요. 분산화 앱스토어(DApp Store)를 통해 새로운 모바일 앱 플랫폼도 만듭니다. 기존 구글 플레이스토어와의 가장 큰 차이점은 별도 수수료가 없음이라는 점인데요. 현재는 구글 플레이 스토어와 함께 이용하는 게 가능해 웹 2.0과 Web 3.0 기반 모바일 앱을 모두 사용할 수 있습니다.

블록체인 폴리곤(Polygon)은 영국의 기술 스타트업과 협력해 '낫씽(Nothing)'이라는 이름의 스마트폰에 블록체인 기술을 지원하는데요. 스마트폰 NFT 멤버십과 폴리곤 기반 결제 기능이 적용되고 분산화된 자체 모바일 앱을 개발할 계획입니다.

블록체인 기반 스마트폰
(출처: Business Today. In)

안드로이드 OS 기반 스마트폰이나 아이폰은 구글 혹은 애플 아이디로 로그인을 할 수 있습니다. 구글과 애플 같은 플랫폼은 스마트폰을 판매하는 것뿐만 아니라 고객을 모바일 생태계에 끌어들였는데요. 블록체인 기반 스마트폰이 자체 생태계와 운영 체제를 꾸릴 수 있겠다면, 더는 구글이나 애플에 의존하지 않고 분산화된 구조의 모바일 생태계를 만들고 신규 고객을 확보할 수 있습니다.

중앙화에서 벗어나 분산화된 구조가 만들어지기 위해서는 결국 Web 3.0 중심의 모바일 운영 체제가 필요합니다. 모바일 운영 체제 개발은 오픈소스인 안드로이드 OS를 활용하거나 독자적인 Web 3.0 전용 모바일 운영 체제를 만드는 방법이 있는데요.

안드로이드 OS를 활용하는 경우 기존 웹 2.0의 모바일 앱을 사용하면서 Web 3.0 전용 앱도 이용 가능하다는 장점이 있습니다. 따라서 구글 플레이 스토어의 모바일 앱과 함께 저렴한 수수료 체계가 포함된 Web 3.0 모바일 앱 마켓 플레이스를 만들 수 있는데요. 다만 이를 위해서는 자체 운영 체제가 필요합니다.

자체적인 운영 체제 개발 방식은 기존 운영 체제의 활용과 신규 개발이 있는데요. 기존 운영 체제 활용은 타이젠 OS와 같은 운영 체제를 이용하는 것입니다. 타이젠은 안드로이드 OS나 iOS와 차별화 요소가 부족해 현재 일부 제품에서만 사용되는데요. 기존 운영 체제의 개발 초점을 Web 3.0과 블록체인 등에 맞춘다면 별도 앱 생태계를 구축할 수 있는 콘텐츠가 만들어질 수 있습니다.

신규 개발은 이더리움 OS(Ethereum OS)가 있습니다. 이더리움 기반 운영 체제를 목표로 삼는 이더리움 OS는 현재 베타 테스트 중인데요. 아직 앱 마켓은 없지만, 자체적으로 개발한 기본 모바일 앱이 있습니다. 이러한 자체 운영 체제는 분산화 앱과 암호화 결제, 이더리움 전용 도메인(ENS) 통합 등의 기능을 지원하는데요. 이더리움 OS는 누군가 검열하지 않는 탈중앙화된 채팅과 운영 체제에서 자체 기능으로 카메라로 사진을 찍으면 바로 NFT로 발행되는 기능을 만들고 있습니다. 궁극적으로 이더리움 기반 스마트폰을 개발하는 것이 목표지만, 아직은 운영 체제 개발에 집중하는 단계입니다.

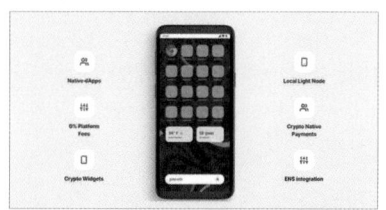

이더리움 OS(출처: ethereumphone.org)

모바일 운영 체제는 구글과 애플의 양강구도에서 벗어난 틈새 시장을 노려야 합니다. 물론 운영 체제를 만든다는 것은 하나의 생태계를 새로 만드는 일이기 때문에 쉬운 일은 아닌데요.

구글과 애플의 생태계 틈새를 노려야 하므로 난이도가 높아 보입니다. 반대 관점에서 블록체인, Web 3.0 전용 모바일 운영 체제가 없는 상황이기 때문에 새로운 시장을 선점한다는 장점이 있는데요. 기존 소프트웨어 기업은 물론 블록체인 기업이 킬러 콘텐츠와 서비스가 포함된 전용 운영 체제를 구축한다면 모바일 시장을 이끌어갈 기회가 됩니다.

3) Web 3.0의 넥스트 모바일

약 15년간 지속되고 있는 모바일 시대는 앞으로도 이어질 전망입니다. Web 3.0에서도 모바일이 향후 미래를 좌우할 것이라는 주장이 떠오르고 있는데요. 모바일을 제대로 활용하기 위한 Web 3.0의 핵심은 오픈소스입니다. 오픈소스 방식의 운영 체제 개발이 Web 3.0과 블록체인에 대한 개발 커뮤니티를 확대하고 대중화를 앞당길 수 있습니다.

또한 블록체인이 모바일 운영 체제의 제공자 역할을 하려면 운영 체제 자체가 많은 사람이 참여할 수 있도록 범용적인 프로그래밍 언어로 작성될 수 있어야 합니다. 여러 블록체인 메인넷에서 자바, 파이썬 등 다양한 언어를 지원하는 이유입니다.

아직은 Web 3.0 개발자와 사용자 자체가 전 세계 인구에서 차지하는 비중이 매우 낮은데요. 10억 명 이상의 사용자를 확보해 대중화가 이루어지려면 모바일로 더 많은 사람에게 Web 3.0 서비스와 혜택을 제공할 필요가 있습니다. 블록체인 스마트폰에 디지털 자산을 보관하고 스마트폰에서 대부분의 분산화 애플리케이션을 편리하게 사용할 수 있는 시대가 멀지 않은 시기에 도래할 텐데요. 휴대전화를 켰을 때 구글, 삼성, 애플이 아닌 'PoWered by Ethereum' 혹은 'XX Blockchain OS'라는 문구가 표시되는 날이 기대됩니다.

(2)

Web 3.0 스마트폰은 블록체인의 매스어답션에 이바지할 수 있는가?
_메인넷과 전통 스마트폰 제조사의 움직임

_ Leo Park and Jay Jo Oct 24, 2024, Tiger Research Report

1) 들어가며

최근 Web 3.0 기술을 탑재한 스마트폰이 연이어 출시되며 업계의 이목이 쏠립니다. 스마트폰이 일반 대중이 최신 기술을 경험하는 최종 접점(Last-mile Endpoint)이자 강력한 영향력을 지닌 매개체라는 점에서, Web 3.0 기술의 대중화를 위한 중요한 시도로 평가받고 있기 때문입니다. 본 리포트에서는 Web 3.0 기술을 활용한 스마트폰의 현황을 분석하고 향후 발전 방향을 전망하고자 합니다.

2) Web 3.0 스마트폰 프로젝트의 유형 분류

Web 3.0 스마트폰 프로젝트는 저마다 Web 3.0 기술을 활용하는 방식과 그 깊이가 다양합니다. 타이거 리서치는 2024년 10월 기준 출시된 Web 3.0 스마트폰과 출시 계획이 발표된 프로젝트를 분석해 다음과 같이 세 가지 유형으로 분류하였습니다.

① Web 3.0 지원 스마트폰(Web 3.0 Supported Smartphone) ② Web 3.0 특화 스마트폰(Web 3.0 Focused Smartphone) ③ Web 3.0 네이티브 스마트폰(Web 3.0 Native Smartphone)으로 구분되며 이들 분류는 Web 3.0

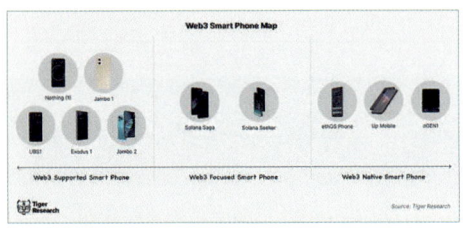

기술의 활용 정도를 기준으로 합니다.

3) Web 3.0 지원 스마트폰(Web 3.0 Supported Smart Phone)

Web3 Supported Smart Phone(웹3 지원스마트폰)

	HTC Exodus1	Nothing Phone(1)	Jambo Phone1	Jambo Phone2	UBI Phone
Device					
Release Year	2018	2022	2024	2024	2024
Related Chain	BNB	Polygon	Aptos	Soana	Ton
Price($)	699~	479~	99~	99~	129~

　Web 3.0 지원스마트폰의 경우, 기존 스마트폰과 비교하였을 때 기능적으로 크게 다르지 않으며 기본적인 수준의 Web 3.0 기술을 지원하는 유형입니다. 주로 메타마스크(Meta mask), 페트라(Petra) 등 Web 3.0 지갑이나 가상자산 거래소 애플리케이션 등이 기본 탑재되어 있습니다. 이들은 블록체인 메인넷과 파트너십을 통해 실험적으로 Web 3.0 요소를 도입하며 생태계 확장을 시도하고자 하였습니다.

　하지만 대부분은 특별한 Web 3.0 기술이 적용되어 있지 않았습니다.

일반 스마트폰에 Web 3.0 애플리케이션을 설치하는 것만으로도 동일한 환경을 구성할 수 있어 차별화된 가치를 제시하지 못했고, 결국 사용자들의 관심도 급격히 감소했습니다.

대표적인 예로 스마트폰 제조 스타트업 낫싱(Nothing)은 폴리곤과 협력해 NFT 커뮤니티와 폴리곤 기반 ID 등 다양한 Web 3.0 인프라를 도입하려 했으나, 최근 관련 서비스를 대부분 중단한 바 있습니다.

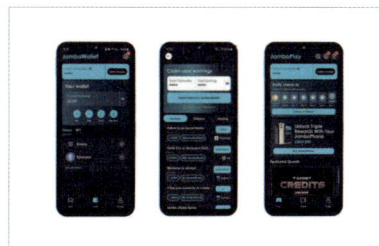

출처: Jambo Phone

다만 최근에는 Web 3.0 요소를 더욱 적극적으로 도입하는 사례도 등장하고 있습니다. 대표적으로 잠보폰(Jambo Phone)은 Web 3.0 지갑 페트라나 가상자산 거래소 OKX와 같은 기본 애플리케이션을 제공할 뿐만 아니라, 자체 앱 '잠보 플레이(Jambo Play)'를 통해 사용자들이 다양한 Web 3.0 프로젝트 퀘스트에 참여하고 가상화폐 보상을 받을 수 있게 하여 Web 3.0 생태계 진입을 촉진합니다.

이러한 접근은 프로젝트들이 가볍게 시도해 볼 수 있는 테스트베드이자 협력 모델이 되고 있어, 앞으로도 유사한 사례가 계속 등장할 것으로 예상됩니다.

4) Web 3.0 특화 스마트폰(Web 3.0 Focus Smart Phone)

Web3 Focused Smart Phone(웹3 특화 스마트폰)

	Solana Saga	Solana Seeker
Device		
Release Year	2022	2024
Based Mainnet	Solana	Solana
Price($)	599	450

　Web 3.0 특화 스마트폰은 Web 3.0 기술이 디바이스 시스템에 부분적으로 통합한 형태를 의미합니다. 이는 기존 모바일 운영 체제를 기반으로 하되 Web 3.0 기능을 추가로 구현하였으며, Web 3.0 기술을 완전히 빌트인(Built-in)한 형태가 아닌 중간 단계의 통합을 특징으로 합니다. 대표적인 사례로 솔라나가 출시한 1세대 스마트폰 '사가(Saga)'와 최근 발표된 2세대 모델 '시커(Seeker)'가 있습니다.

　이러한 Web 3.0 특화 스마트폰은 전용 프로그래밍 인터페이스를 통해 기존 모바일 환경과 Web 3.0 생태계를 연결합니다. 대표적으로 솔라나는 '솔라나 모바일 스택(Solana Mobile Stack, SMS)'을 제공하여 개발자들의 Web 3.0 서비스 구현을 돕습니다. 또한 NFC와 QR코드를 활용한 '솔라나 페이' 결제 시스템과 보안 강화를 위한 '시드 볼트(Seed Vault)' 등 Web 3.0에 최적화된 기능들을 탑재하고 있습니다.

Solana Seeker, 출처: Solana Mobile

그러나 이러한 Web 3.0 특화 스마트폰들은 완전한 Web 3.0 네이티브 환경과는 아직 차이가 있습니다. Web 3.0 서비스를 이용하기 위해서는 여전히 별도의 Web 3.0 지갑이나 브레이브(Brave)와 같은 전용 브라우저 설치가 필요하기 때문입니다. 다만 시커는 솔 플레어(Sol flare)와의 협업을 통해 내장형 지갑 '시드 볼트 월렛(Seed Vault Wallet)'을 탑재할 예정이며, 아직 공개되지 않은 기능들이 많아 Web 3.0 네이티브 스마트폰으로 발전할 가능성을 주목할 만합니다.

5) Web 3.0 네이티브 스마트폰(Web 3.0 Native Smart Phone)

Web3 Native Smart Phone(웹3 네이티브 스마트폰)			
	ethOS Smart Phone	Up Mobile	ethiOS dGEN1
Device			
Release Year	2022	2024	2024
Based Mainnet	Ethereum	Movement	Ethereum
Price($)	499~	749~	500~

Web 3.0 네이티브 스마트폰은 시스템 레벨에서 Web 3.0 기술이 빌트인된 모바일 기기입니다. 이는 자체 Web 3.0 OS를 탑재하거나 P2P 분산 파일 시스템(IPFS), Web 3.0 메시지 전달 프로토콜(XMTP), 블록체인 기반 네이밍 시스템(CNS) 등의 핵심 Web 3.0 기술을 기본적으로 지원하는 형태로 구현됩니다. 또한 디바이스 내 라이트 노드 클라이언트를 통합해 사용자가 직접 트랜잭션을 검증할 수 있는 특징도 있습니다.

ethOS Nouns edition (좌), dGEN1 (우) 출처: ethOS

대표적인 사례로 프리덤 팩토리(Freedom Factory)의 ethOS가 있습니다. ethOS는 2023년 Nouns DAO의 지원을 받아 첫 번째 스마트폰을 시범 출시했으며, 자체 개발한 이더리움 기반 Web 3.0 OS를 도입해 시스템 레벨의 통합을 이루었습니다. 최근에는 dGEN1 스마트폰을 새롭게 공개하며 Web 3.0 네이티브 기능을 더욱 강화할 예정입니다. 내장된 ethOS 브라우저는 IPFS와 ENS를 지원하며, 라이트 클라이언트 노드 기능을 통해 온체인 디앱(DApp)의 실행을 지원합니다. 이를 통해 사용자는 외부 RPC 노드 없이도 직접 블록체인과 상호작용할 수 있습니다. 또한 OS 계층에 통합된 Web 3.0 지갑으로 앱 전환이나 인앱 브라우저 없이도 서명이 가능하며, SMS 기반 암호화폐 전송이나 갤러리에서 촬영한 이미지를 직접 NFT로 발행하는 등 고도화된 기능을 제공할 예정입니다.

출처: Up Network

무브먼트 랩스(Movement Labs)와 업 네트워크(Up Network)가 협력 개발 중인 '업 모바일(Up Mobile)' 또한 유사한 수준의 통합을 보여줍니다. 이들은 자체 개발한 Web 3.0 OS인 'Up OS'를 통해 시스템 레벨의 Web 3.0 통합을 구현하며, 라이트 노드 기능과 헤드리스 서명 기술을 지원하는 빌트인 Web 3.0 지갑을 제공할 예정입니다.

6) Web 3.0 스마트폰은 어떤 이점을 가져다주는가?

Web 3.0 스마트폰 프로젝트에 관한 관심이 꾸준히 증가하며, 이를 활용한 다양한 실험이 진행되고 있습니다. 이는 Web 3.0 스마트폰이 기존 산업의 문제를 해결하면서도 Web 3.0 기술의 매스 어답션(Mass Adoption)을 촉진할 수 있는 핵심 매개체가 될 것이라는 기대 때문입니다. Web 3.0 스마트폰이 가져올 수 있는 이점은 다음 세 가지로 분석됩니다.

첫째, Web 3.0 스마트폰은 '휴대용 디바이스'라는 강점을 활용해 Web 3.0 서비스의 접근성을 획기적으로 개선할 수 있습니다. Web 3.0 지갑과 프라이빗 키 관리 기능, 그리고 디앱 서비스가 디바이스에 내장되어 있어 언제 어디서든 Web 3.0 서비스를 쉽게 이용할 수 있는 환경이 제공됩니다. 이를 통해 Web 3.0 기술과 금융 분야의 시너지가 더욱 주목될 수 있을 것으로 판단됩니다. 스마트폰 디바이스를 통해 시간과 공간의 제약 없이 가상자산 기반 금융 서비스를 이용할 수 있게 되며, 금융 인프라가 부족한 개발도상국에서도 모바일 디바이스만으로 다양한 금융 서비스에 접근할 수 있을 것이기 때문입니다.

둘째, Web 3.0 스마트폰은 기존 모바일 시장의 고질적인 문제를 해결할 수 있을 것으로 기대됩니다. 현재 모바일 시장에서는 중앙화된 스토어가 약 30%에 달하는 수수료를 부과해 앱 개발사의 수익성을 저해하고 시장 활성화를 방해하는 요소로 지적됐습니다. Web 3.0 스마트폰 프로젝트는 이러한 중앙화된 스토어의 한계를 극복하는 대안을 제시합니다. 대표적으로 솔라나 모바일과 업 네트워크는 탈중앙화된 블록체인 인프라를 기반으로 Web 3.0 스마트폰 내 디앱 스토어를 구축하고, 이를 통해 수수료 없는 탈중앙화 앱 생태계를 조성하고자 합니다.

셋째, 위 두 가지 이점이 결합하여 Web 3.0 산업에 폭발적인 시너지를 창출할 것으로 기대됩니다. 현재 Web 3.0 산업에서는 소비자 앱에 대한 필요성이 꾸준히 제기되고 있으나, 서비스를 일상적으로 사용할 수 있는 디바이스 환경이 부족한 상황입니다.

Web 3.0 스마트폰은 이러한 한계를 극복하고 새로운 소비자 앱의 등장을 촉진할 것으로 예상됩니다. 또한 PC에서 모바일로의 전환 과정에서 새로운 서비스들이 폭발적으로 증가했던 것처럼 Web 3.0 스마트폰의 등장으로도 유사한 혁신이 일어날 수 있습니다. 모바일 디바이스의 휴대성과 여러 센서 기능을 활용해 정보기술 서비스의 활용도가 다양해졌듯이, Web 3.0 영역에서도 모바일 디바이스의 등장은 큰 파급력을 가져올 것입니다. 특히 수수료 없는 디앱 스토어 환경은 기존 웹2 산업보다 더 활발한 개발 생태계 조성을 가능하게 할 것으로 전망됩니다.

7) Web 3.0 스마트폰의 도전 요소는 무엇인가?

Web 3.0 스마트폰은 여러 기대점에도 극복해야 할 도전 과제도 분명합니다. 첫째, 전통적인 스마트폰 제조사의 모델 대비 하드웨어 스펙이 차이를 보인다는 점입니다. 대부분의 Web 3.0 스마트폰은 카메라 성능과 화면 주사율 등에서 차이가 있으며 메인 스마트폰으로 사용하기에는 아직 한계가 있다는 평가입니다. 여기에 500달러를 웃도는 가격은 제공되는 스펙 대비 높은 수준으로 일반 소비자들의 선택을 끌어내기에는 어려움이 있습니다. 또한 단계별 자유 오더 방식의 판매로 인해 정확한 배송 시기 예측이 어렵고 구매 접근성도 떨어집니다. 결과적으로 Web 3.0 스마트폰은 하드웨어 경쟁력은 물론 판매 및 운영 방식의 개선 등 다양한 영역에서 해결 과제를 안고 있습니다.

출처: Jambo Phone (좌), Goosefx (우)

둘째, Web 3.0 스마트폰에 관한 관심이 기술적 혁신보다는 에어드롭과 같은 보상에 집중되어 있다는 점도 우려되는 부분입니다. 이는 솔라나의 첫 Web 3.0 스마트폰 프로젝트인 사가에서 잘 드러납니다. 사가는 초기에 저조한 판매량으로 가격을 인하하였으나, 사용자들에게 지급된 밈 코인 봉크($BONK)의 가격이 급등하면서 수요가 폭발적으로 증가하였습니다. 이에 따라 사가 스마트폰의 재판매 가격이 5,000달러까지 치솟았고, 후속작 시커의 사전 예약은 14만 건을 넘어섰습니다. 최근 잠보폰 역시 앱토스 기반의 밈 코인 구이이누($GUI)를 무상으로 제공하며 주목받기도 하였습니다. 이처럼 Web 3.0 스마트폰 시장은 기술 혁신보다는 무상 제공되는 토큰과 재판매 가치라는 투기적 요소가 성장을 견인하고 있어, 지속 가능한 생태계 구축보다는 단기적 트렌드에 그칠 수 있다는 우려가 제기됩니다.

셋째, Web 3.0 스마트폰은 운영 측면에서도 해결해야 할 과제들이 있습니다. 우선 Web 3.0 스마트폰의 일부 탈중앙화된 운영 방식이 기존 중앙화된 플랫폼이 제공하는 실질적 가치를 완전히 대체하기는 어렵고 급진적일 수 있다는 점입니다. 구글 플레이스토어나 애플 앱스토어는 30% 수준의 수수료를 부과하지만, 이를 통해 전담팀을 운영하며 플랫폼 내 어뷰징과 불법 사례를 방지하고, 결제 등 앱 서비스를 위한 기본 인프라 개발 및 유지보수, 고객 상담 서비스 등 필수적인 운영 서비스를 제공합니다. 또한 Web 3.0 스마트폰별 디앱 사용 환경은 새로운 사용자 경험 문제를 초래할 수 있습니다.

전통 스마트폰 시장에서 제조사나 통신사가 강제 설치한 앱들이 사용자 불만을 초래했던 것처럼, Web 3.0 스마트폰이 기본 탑재하는 블록체인 인프라와 디앱 구성도 제조사와 협업사들의 이해관계에 따라 달라 사용자들에게 특정 Web 3.0 환경을 강제할 수 있기 때문입니다. 따라서 Web 3.0 스마트폰은 기술적 통합을 넘어 구체적인 운영 방안을 마련해야 할 필요가 있을 것으로 판단됩니다.

8) 전통 스마트폰 제조사의 행보는 어떠한가?

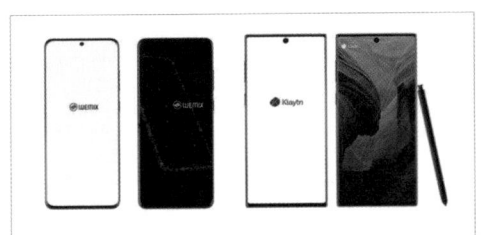

Galaxy S20 WEMIX Edition (좌), Galaxy Note 10 Klaytn Edition, 출처: Samsung

전통 스마트폰 제조사들도 디바이스 내 Web 3.0 기술 적용에 관심을 보입니다. 하지만 초기에는 대부분 단순한 마케팅 차원의 일회성 프로모션에 그쳤습니다. 대표적으로 삼성전자는 위메이드 트리(현 위메이드 내 흡수합병)와 그라운드X(전 클레이튼 개발사)와 협력하여 각 메인넷의 디앱을 내장한 Web 3.0 스마트폰 시리즈를 출시했으나, 기본적인 지갑 앱 설치와 구매자 대상 가상화폐 제공 외에 차별화된 요소는 없었습니다.

하지만 최근에는 더 실용적인 수준의 Web 3.0 기술 적용이 시도되고 있어 기대해 볼 필요가 있습니다. 대표적으로 애플의 근거리 무선 통신(NFC) 기술을 활용해 아이폰에서 USDT 스테이블 코인으로 결제할 수 있는 탭 투 페이(Tab to Pay) 기능을 출시할 예정이라고 밝힌 바 있습니다. 비록 애플이 직접 개발한 것은 아니지만, 아이폰과 같은 디바이스에서 Web 3.0 결제 기능이 구현될 수 있다는 가능성을 보여준 의미 있는 시도라고 평가할 수 있습니다.

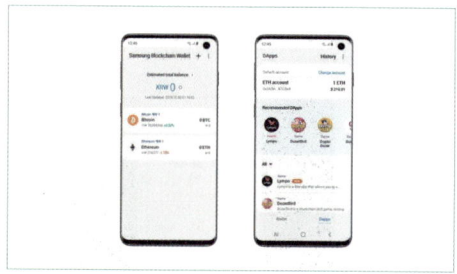

Samsung Blockchain Wallet, 출처: Samsung

삼성전자는 2019년부터 블록체인 키 스토어를 통해 메타마스크, 코인베이스 지갑 등 외부 Web 3.0 지갑 연동은 물론 블록체인 지갑 앱을 지원하고 있으며, 최신 모델에서도 이를 지속적으로 지원하고 있습니다. 또한 최근에는 한국 행정안전부와 협력해 블록체인 기반 모바일 신분증을 삼성페이에서 사용할 수 있도록 지원하고 있다는 점도 주목할 만합니다. 이처럼 모바일 시장을 선도하는 전통적인 스마트폰 제조사들의 Web 3.0 기술 도입 가능성은 Web 3.0 대중화의 새로운 전환점이 될 수 있습니다.

9) 마치며

Web 3.0 스마트폰은 혁신적인 개념이지만, 아직 극히 초기 단계의 시장입니다. 일부 프로젝트가 토큰 보상으로 주목받고 있으나, 기존 스마트폰 제조사들의 출하량과 비교하면 그 규모는 미미합니다. 글로벌 스마트폰 보급 수가 64억 대로 전체 인구의 76%를 차지하는 반면, Web 3.0 사용자는 천만 명 수준으로 전체 스마트폰 사용자의 0.156%에 불과합니다. Web 3.0 산업 자체가 아직 대중화되지 않은 상황에서 Web 3.0 스마트폰 시장은 더욱 제한적인 영역에 머물러 있습니다.

또한 Web 3.0 스마트폰이 갖는 기술적 한계도 분명합니다. 특히 하드웨어 성능과 디바이스 생산 능력 면에서 전통적인 스마트폰 제조사들과 큰 격차가 있을 수밖에 없기 때문입니다. 이러한 상황에서 Web 3.0 스마트폰 프로젝트들은 장기적으로 전통 스마트폰 제조사와의 협력이 불가피할 것으로 전망됩니다. 다만 하드웨어에서의 부족한 점을 OS나 소프트웨어 인터페이스 면에서의 강점으로 보완하여, 안드로이드와 삼성의 관계처럼 상호 보완적인 협력 모델을 구축할 수 있을 것입니다. 앞으로 사용자 친화적인 디앱 생태계 구축 등 해결할 과제가 남아있지만, 기존 제조사의 하드웨어 기술력과 Web 3.0 프로젝트의 소프트웨어 역량이 결합한다면 Web 3.0 스마트폰의 발전은 더욱 가속화될 것으로 전망됩니다.

WebKey가 꿈꾸는 세상은 문명의 발전 방향과 맞는가?

WebKey 무엇을 위해 시작했나?

(1) Web 3.0 시대의 관문, WebKey의 비전과 도전

2008년, 비트코인 백서의 발표와 함께 등장한 블록체인 기술은 이후 세상을 바꾸는 근본적 혁신의 씨앗이 되었습니다. 그리고 지금, 이 기술을 기반으로 한 Web 3.0 시대가 눈앞에 성큼 다가와 있습니다. 이전의 Web 2.0이 중앙화된 인터넷 환경 속에서 일부 기업이 정보를 독점하고 사용자 데이터로부터 수익을 창출한 시대였다면, Web 3.0은 모든 개인이 디지털 세계의 주인이 될 수 있는 기회를 제공하는 시대입니다. 그러나 현실은 아직 기술이 대중에게 친숙하지 않고 대부분의 블록체인 프로젝트가 일부 전문가들에 의해 독점적으로 운영되고 있는 것이 사실입니다.

(2) WebKey의 탄생과 문제의식

WebKey는 이러한 현실을 변화시키기 위해 출발했습니다. "누구나 쉽게 참여할 수 있는 Web 3.0 진입점을 만들자."는 목표 아래 복잡한 기술 장벽 없이도 모든 사람이 블록체인 기술이 만들어내는 경제적 혜택에 동참하도록 돕는 직관적이고 안전한 도구를 개발하고 있습니다.

(3) 아누비 재단과의 협력, 전략적 투자

2022년 12월, 아누비 재단(Anubi Foundation)은 Web 3.0 생태계 발전을 위한 혁신 프로젝트들을 지원하기 위해 출범했습니다. 특히 DePIN(Decentralized Physical Infrastructure Network) 트랙에 중점을 두었고 현재까지 20개국 이상에서 100개 이상의 프로젝트에 투자, 폭넓은 노하우를 축적했습니다.

아누비 재단은 바이낸스가 개발한 Web 3.0 스마트폰 코랄폰(Coral Phone)과 DeFi 2.5를 대표하는 Origin 프로젝트에 투자하며 블록체인 기반 금융과 물리 인프라 융합에 대한 깊은 통찰을 얻었습니다. 이런 통찰력을 바탕으로 WebKey 프로젝트에 1억 달러 규모의 전략적 투자를 단행, Web 3.0 시대의 가장 강력한 진입 관문(entry point)을 구축하게 되었습니다.

(4) **WebKey의 사명과 역할**

WebKey의 사명은 명확합니다.

"누구나 간단하고 안전하게 Web 3.0 세계에 접근할 수 있도록 지원하고, 분산형 기술의 폭넓은 도입을 촉진한다."

기술 장벽을 허물고 사용자들이 다양한 분산형 애플리케이션과 경제적 기회를 손쉽게 누리도록 가장 아름답고 직관적인 솔루션을 제공하는 것이 WebKey의 목표입니다.

(5) **WebKey의 비전: 디지털 자율성과 데이터 주권의 회복**

WebKey는 단순한 도구가 아닙니다. Web 3.0 세계로 향하는 글로벌 관문이자, 디지털 자율성과 데이터 주권 회복의 열쇠입니다. 모든 사용자가 자기 데이터가 만들어낸 가치를 직접 돌려받을 수 있는 구조를 구현하며 전 세계 개발자들이 Web 2.0과 Web 3.0 간의 데이터 교환과 가치 이동을 자유롭게 수행하도록 글로벌 서버 네트워크를 통해 기술적 기반을 제공합니다.

WebKey가 구현하고자 하는 Web 3.0은 단순한 기술이 아닌 Web 2.0의 상호작용 원리와 인프라에 Web 3.0의 분산형 인텔리전스를 결합한 거대한 데이터 네트워크입니다. 이 네트워크는 각 개인이 중심이 되는 프리즘 노드로 구성되며 노드들은 개인 데이터, 마이크로 커뮤니티, 기업, 조직 등을 연결하는 탈중앙 신경망 임무를 수행합니다. 이러한 프리즘 구조는 다차원 상호작용과 가치 순환, 그리고 투명성을 상징하며 진정한 Web 3.0 생태계의 구현을 향한 WebKey의 철학을 대표합니다.

(6) WebKey의 신념

WebKey는 믿습니다.

"모든 사람이 디지털 생태계에서 자신의 정체성과 가치를 창출하고 이를 공유하며 지속 가능한 글로벌 디지털 경제를 함께 만들어갈 수 있다."

이것이 바로 WebKey의 존재 이유이며 Web 3.0 시대의 문을 여는 가장 강력한 이유입니다.

WebKey는 어떤 문제를 발견하고 해결하려 하였는가?

3세대 인터넷으로도 알려진 Web 3.0은 블록체인 기술 기반의 탈중앙화 네트워크 아키텍처로 투명성, 보안성, 그리고 사용자 자율성 향상을 목표로 합니다. Web 3.0시장은 빠르게 발전하고 있으며 상당한 투자와 기술 혁신을 유치하고 있습니다. 하지만 Web 3.0의 엄청난 잠재력에도 불구하고 도입률과 사용자 증가율은 여전히 저조한 상황입니다.

(1)사용자 증가 속도가 느린 이유

① 높은 기술 장벽

Web 3.0의 핵심 기술인 블록체인, 스마트 계약, 탈중앙화 애플리케이션(DApp)은 일반 사용자에게는 너무 복잡합니다. 이러한 기술을 배우고 숙달하는 데는 시간과 전문 지식이 필요하므로 사용자 대부분은 망설이게 됩니다.

② 열악한 사용자 경험

현재 대부분의 Web 3.0 애플리케이션의 사용자 인터페이스 및 사용자 경험(UI/UX) 디자인은 사용자 친화적이지 않고, 조작이 복잡하고 직관적이지도 않습니다. 이에 따라 기술 지식이 없는 사용자가 애플리케이션을 원활하게 사용하기 어렵습니다.

③ 보안 및 신뢰 문제

블록체인 기술 자체는 매우 안전하지만, 암호화폐 및 스마트 계약이 관련된 보안 사고가 빈번하게 발생하여 Web 3.0 애플리케이션에 대한 사용자 신뢰도가 여전히 낮은 것이 현실입니다. 포괄적인 보안 조치의 부재로 인해 사용자는 사용 중 자산 및 데이터 보안에 대한 우려를 지닐 수밖에 없습니다.

④ 규제 및 정책의 불확실성

전 세계적으로 규제 정책이 아직 통일되지 않았으며 국가마다 블록체인과 암호화폐에 대한 태도가 다릅니다. 이러한 불확실성은 Web 3.0의 광범위한 도입 및 홍보를 저해합니다.

⑤ 높은 비용과 낮은 효율성

Web 3.0 애플리케이션의 개발 및 운영 비용은 비쌉니다. 특히 이더리움과 같은 공개 체인에서 거래를 수행할 때 비용이 많이 들기 때문에 수수료가 높고 거래 속도가 느려져 사용자 경험과 애플리케이션 실용성에 심각한 영향을 미치는 것이 현실입니다.

(2) Web 3.0 시장이 직면한 주요 문제점

① 기술적 복잡성 열악한 사용자 경험, 그리고 보안 문제로 인해 Web 3.0은 일반 대중의 도입에 상당한 장벽에 직면해 있습니다. 일반 사용자는 분산 애플리케이션을 이해하고 신뢰하기 어려워 시장 확장이 제한됩니다.

② 생태계 단편화

Web 3.0 생태계는 다양한 블록체인 플랫폼과 프로토콜로 구성되어 있으며, 통합된 표준과 상호운용성이 부족하여 리소스 단편화가 발생합니다. 개발자와 사용자는 여러 플랫폼을 자주 전환해야 하므로 학습 및 사용 비용이 증가합니다.

③ 유동성 및 가치 변환 문제

Web 3.0 환경에서 자산 및 가치 변환은 아직 매우 편리하지 않습니다. 사용자는 여러 플랫폼 간에 자산을 변환할 때 높은 거래 수수료와 복잡한 작업에 직면하여 가치의 자유로운 흐름을 저해합니다.

④ 사용자 교육 부족

현재 시장에는 사용자에게 Web 3.0에 대한 교육을 제공할 효과적인 채널과 도구가 부족합니다. Web 3.0에 대한 사용자 이해도가 낮으면 새로운 기술과 애플리케이션에 대한 수용도가 낮아집니다.

⑤ 불안정한 경제모델

많은 Web 3.0 프로젝트는 토큰 경제모델에 의존하는데 이러한 모델은 아직 성숙하지 않았고 시장 변동에 취약하여 프로젝트 지속 가능성과 사용자 수익에 불확실성을 초래합니다.

일반인이 Web 3.0에 진입하려면 일반적으로 다음 세 가지 방법을 거쳐야 합니다.

첫째, 블록체인 기술에 대한 심층적인 이해: 블록체인은 Web 3.0의 핵심 기술이므로 그 원리와 응용 분야에 대한 이해가 필요합니다. 블록체인 개발자는 블록체인 아키텍처, 암호화, 데이터 구조, 스마트 계약에 대한 지식은 물론 웹 개발 및 블록체인 지원 언어(Web 3.0)에 대한 지식이 필요합니다. 일반인은 이에 필요한 강력한 학습 능력과 지식 체계가 부족할 수 있습니다.

둘째, 디지털화폐 구매: 개인은 장외거래(OTC) 또는 디지털화폐 플랫폼을 통해 디지털화폐를 빠르게 매매하여 Web 3.0 화폐로부터 이익을 얻을 수 있습니다. 그러나 개인은 막대한 이익을 얻을 가능성이 희박하더라도 감당하기 어려운 투자 위험에 직면하여 순환적 수익 창출에 에너지를 소모하게 됩니다.

셋째, 관련 암호화폐 이벤트 참여: 개발자 경진대회, 스마트 계약 도전 등 디지털화폐 보상을 획득하고 국경 간 자산 거래 활동에 참여합니다. 이러한 활동을 통해 Web 3.0에서 디지털화폐와 스마트 계약의 원리를 더욱 깊이 이해하고 Web 3.0에 대한 이해를 높일 수 있습니다. 하지만 높은 인지적 한계와 시간 소모는 정신적으로 부담스러울 수 있습니다.

WebKey 프로젝트는 이러한 시장 배경과 문제점을 깊이 이해하여 혁신적인 기술과 서비스를 통해 보다 안전하고 간편하며 사용자 친화적인 Web 3.0 게이트웨이를 제공하고 기존 시장 과제를 해결하며 Web 3.0 기술의 광범위한 채택과 적용을 촉진하는 것을 목표로 합니다.

세상을 바꾸는 WebKey의 이론과 기술은 있는가?

웹키 프로젝트 개발에 드는 자금 1억 달러를 전액 투자한 아누비 재단 (Anubi Foundation)의 혜안과 WebKey 개발팀의 천재성이 절묘하게 어우러져서 만들어낸 아름다운 프로젝트가 WebKey입니다.

WebKey는 DeFi 3.0이다

DeFi 금융과 DePIN의 절묘한 조합으로 세상에서 유일한 플랫폼을 완성했습니다. 지금까지 발전되어 온 DeFi 금융은 사이버 세상에서만 동작하는 금융에 한정되었습니다. 그것을 실물 세상과 연결되는 고리를 Web 2.0 세상에서 누구나 익숙한 환경인 스마트폰을 재창조해서 새로운 세상을 만들었습니다. 정보만 관장하던 스마트폰을 이제는 스마트폰 소유자가 직접 자기의 데이터를 관장하는 주인으로 상승시켜 개인정보의 사용으로 인한 생산된 가치를 누릴 수 있는 진정한 DePIN, Web 3.0폰을 개발했습니다.

WebKey phone은 진정한 DePIN이다

Webkey Phone은 기존 Web 3.0폰의 한계를 넘어 그 모든 개념을 융합해 재정의한 스마트폰입니다. 단순한 디바이스를 넘어선 플랫폼이자 사용자가 진정한 소유권을 갖는 새로운 디지털 생태계의 출발점입니다.

(1) Web 2.0 스마트폰의 구조적 한계

기존 Web 2.0 스마트폰은 두 가지 요소로 구성됩니다.

- 하드웨어 – 결국은 폐기되는 물리적 기기
- 소프트웨어(OS) – 구글과 같은 플랫폼 기업이 소유

예를 들어, 우리가 갤럭시 스마트폰을 구매할 때 하드웨어는 소비자의 소유가 되지만, 그 안의 운영 체제와 앱 생태계(Play Store)는 구글이 통제합니다. 삼성전자는 하드웨어 판매로 수익을 얻지만, 구글은 앱 다운로드와 광고 노출을 통해 매년 막대한 수익을 올립니다.

- 한국 내에서만도 연간 약 1조 원 이상의 수익을 벌어들이며
- 전 세계 50억 대 스마트폰 중 약 70%가 안드로이드 기반이라는 점을 생각하면 수익 규모는 상상 이상입니다.

(2) Webkey Phone의 혁신적 구조

Webkey Phone은 다릅니다. 하드웨어는 물론 플랫폼 자체까지 사용자에게 귀속됩니다.

① 웹키 OS를 기반으로 발생하는 모든 수익은 사용자와 정의롭게 공유되는 구조입니다.

② 기존 스마트폰이 나의 지갑에서 돈을 빼가는 소비재였다면 Web-key Phone은 내게 돈을 벌어다 주는 생산 플랫폼입니다.

(3) Web 3.0폰이 현실이 된 이유

예를 들어, 블록체인 전문 기업인 솔라나 재단의 '사가(Saga)' 휴대전화기 사용자들은 BONK 코인을 에어드롭으로 받아 1천만 원 이상을 수익으로 올린 사례도 있습니다. 이러한 흐름은 Web 2.0 스마트폰이 급격히 Web 3.0 스마트폰 시대로 전환될 것임을 예고하며 그 속도는 예상보다 훨씬 빠를 것입니다.

(4) Webkey Phone의 3대 핵심 기술

① 통합 멀티 블록체인 OS: 기존 Web 3.0폰은 대부분 특정 블록체인에만 최적화되어 혜택이 제한적입니다. 하지만 Webkey Phone은 다양한 블록체인을 동시에 지원하는 통합형 OS를 통해 확장성과 호환성을 획기적으로 개선했습니다.

② 모바일 스택(Mobile Stack) for 개발자: 모든 개발자가 쉽게 웹키

플랫폼에 앱을 개발할 수 있도록 사용자 친화적이고 강력한 기술 패키지를 제공합니다. 이는 웹키 앱스토어 생태계의 풍성함과 다양성을 뒷받침합니다.

③ 사용자 중심 수익 공유 플랫폼 구조: 앱 다운로드, 광고, 토큰 이코노미 등에서 발생하는 모든 수익이 기기 소유자에게 공정하게 분배되는 새로운 생태계를 실현합니다.

Webkey Phone은 더 이상 '스마트폰'이라는 기존 틀에 머물지 않습니다. 그 자체로 생태계이자 플랫폼이며 사용자가 진정한 주인이 되는 Web 3.0 시대의 디지털 권리 선언입니다.

(5) Web 3.0 게이트웨이와의 비교 및 장점

① 사용자 친화적인 경험: 기존 Web 3.0 애플리케이션의 복잡한 인터페이스와 비교하여 WebKey는 간단하고 직관적인 사용자 인터페이스를 제공하므로 기술 지식이 없는 사용자도 쉽게 사용할 수 있습니다.

기존 Web 3.0 게이트웨이	복잡한 운영, 열악한 사용자 경험, 가파른 학습 곡선
WebKey 게이트웨이	간단한 조작, 사용자 친화적인 인터페이스, 사용하기 쉬움

② 높은 보안: WebKey는 Prism 프로토콜, 이중 계정 모델 및 신뢰할 수 있는 환경 기반 프로토콜과 같은 고급 보안 기술을 채택하여 사

용자 데이터 및 자산의 보안을 보장합니다.

기존 Web 3.0 게이트웨이	잦은 보안 사고, 낮은 사용자 신뢰
WebKey 게이트웨이	다 계층 보안 보호, 향상된 사용자 신뢰

③ 경제성 및 효율성: WebKey 장치 및 플랫폼 설계는 비용 효율성, 트랜잭션 효율성 증대 및 최적화된 하드웨어 및 소프트웨어 아키텍처를 통한 사용 비용 절감에 중점을 둡니다.

기존 Web 3.0 게이트웨이	높은 비용, 낮은 효율성
WebKey 게이트웨이	저렴한 비용, 높은 효율성

④ 전체 에코시스템 지원: WebKey는 단순한 장치가 아니라 하드웨어, 운영 체제, 개발자 도구와 사용자 애플리케이션을 포괄하는 완전한 에코시스템으로 올인원 Web 3.0 솔루션을 제공합니다.

기존 Web 3.0 게이트웨이	단편화된 에코시스템, 통합 표준 부족
WebKey 게이트웨이	완전한 에코시스템, 통합 표준 및 상호운용성

이러한 혁신과 이점을 통해 WebKey는 사용자의 Web 3.0 진입 장벽을 낮출 뿐만 아니라 더 높은 보안과 사용자 경험을 제공하여 Web 3.0 기술의 대중화와 적용을 주도합니다.

세상을 바꾸는 WebKey의 전략과 전술

　WebKey는 레퍼럴 마케팅(Referral Marketing)을 플랫폼에 접목하여 혁신적인 확산 전략을 실현하고 있습니다. 겉으로 보기엔 다단계 마케팅과 유사하게 보일 수 있지만, 그 본질과 철학은 완전히 다릅니다.

(1) 전통적인 다단계의 한계와 레퍼럴의 차이

- 기존의 다단계 방식은 하위 참여자의 판매 성과에 기반하여 상위 참여자가 이익을 얻는 구조로 본질적으로 '억압'과 '착취'가 내재한 수직적 피라미드 시스템입니다.
- 반면, 웹키의 레퍼럴 마케팅은 누군가의 추천을 통해 플랫폼에 참여한 사용자가 이익을 얻으면 플랫폼이 창출한 수익 일부를 공정

하게 보상해 주는 수평적 참여 구조입니다.

(2) 핵심 차별점
- 누군가에게 제품을 판매할 필요도
- 상위 참여자가 하위의 실적에 의존할 필요도 없습니다.
- 오직 플랫폼 자체의 성과에 따라 보상이 지급됩니다.

(3) 보상의 원천: 토큰 주조 수익(Seigniorage)의 공유

WebKey의 시스템이 창출하는 토큰 발행 수익(시뇨리지) 중 일부가 레퍼럴 네트워크를 통해 연결된 사용자들에게 분배됩니다. 즉, 웹키 생태계가 성장할수록 플랫폼이 벌어들이는 수익도 커지며, 그 수익은 공정하게 사용자와 공유되는 구조입니다. 누구도 직접 판매하지 않고 시스템만이 수익을 창출하며 참여자는 그 혜택을 함께 누리는 구조입니다.

(4) 실질적 성과와 시장 안착

이러한 접근 방식은 이미 시장에서 큰 반향을 일으켰습니다.

런칭 7개월 만에 70만 개 이상의 지갑 주소가 플랫폼에 연결되는 기록적인 성과를 이루었으며, 이는 WebKey의 레퍼럴 전략이 단순한 마케팅 기법을 넘어선 생태계 기반 확장 전략임을 보여줍니다. WebKey는 단순히 기술이나 제품을 전파하는 것이 아니라, 참여와 소유, 성장의 이익을 함께 나누는 '가치 기반 플랫폼'으로 세상을 변화시키고자 합니다.

WebKey 세상이 완성되면 어떤 모습일까?

WebKey는 인류 역사상 가장 강력하고 아름다운 프로토콜 플랫폼을 지향합니다. 이 플랫폼의 가장 큰 특징은 '누구나 참여자로 곧 노드(Node)'가 되어 생태계 발전에 기여하고 그에 상응하는 보상을 받는 구조라는 점입니다.

WebKey는 플랫폼이란 '사람을 유형 또는 무형의 공간에 들고 나게 하는 매력적인 그 어떤 것'이라고 정의합니다. 그리고 이 정의에 딱 들어맞는 네 가지 핵심 축을 가진 입체적이고 풍부한 메타 플랫폼으로 설계되어 있습니다.

WebKey가 가진 네 가지 플랫폼은 다음과 같습니다.

① 스테이킹 플랫폼

보유 자산을 예치하여 이자를 받는 구조를 넘어 플랫폼 운영에 직접 이바지할 수 있는 보상의 장치입니다.

② WebKey 스마트폰

단순한 하드웨어가 아닌, 블록체인 기반 분산 플랫폼의 중심이 되는 디지털 신분증이자 소득 창출 도구, 생산재입니다.

③ DApp 스토어

Web 3.0 생태계를 확장하는 분산형 앱 마켓플레이스로, 개발자와 사용자의 연결을 촉진합니다.

④ 프로젝트 런처(인큐베이터)

혁신적인 프로젝트를 발굴하고 키워내어 생태계를 풍성하게 만드는 스타트업 지원 공간입니다.

이 네 가지 요소는 독립적으로도 강력하지만, 상호 보완적으로 엮이며 WebKey 플랫폼 전체를 유기적으로 강화하는 설계로 구성되어 있습니다.

WebKey 프로젝트의 해결책

쉽고 안전한 Web 3.0 게이트웨이 제공

WebKey는 Web 3.0 시장의 주요 문제를 해결하고, 사용자가 더 쉽게 Web 3.0에 접근할 수 있는 혁신적 기술과 서비스를 제공합니다.

- 보안성이 강화된 Web 3.0 환경 구축 → 사용자 자산 보호와 신뢰도 향상
- 사용자 친화적 인터페이스(UI/UX) 제공 → 간편한 Web 3.0 활용
- Web 2.0과 Web 3.0 간 원활한 연결 → 기존 Web 2.0 사용자의 자연스러운 Web 3.0 진입
- 비용 절감과 거래 효율성 개선 → 낮은 수수료와 빠른 거래 속도
- 교육과 인프라 지원 → 일반 사용자의 쉬운 이해와 참여 도모

WebKey는 Web 3.0의 대중화를 촉진하고, 누구나 쉽고 안전하게 Web 3.0을 활용할 수 있는 환경을 조성하고자 합니다. 이를 통해 Web 3.0 기술을 널리 확산하고 글로벌 디지털 경제의 지속 가능한 발전을 이끌어갈 것입니다.

Anubi Webkey – Web3 DePIN 기술 기반의 생태계 애플리케이션 시스템

WebKey OS 기반의 Anubi WebKey는 신뢰할 수 있는 하드웨어, 블록체인 네트워크, 사용자 ID 시스템, Web 3.0 애플리케이션, AI 스마트 서비스(음성 비서 + 검색 엔진), Web 3.0 스토어, 비즈니스 프로젝트 론처를 하나의 스마트 디바이스에 통합한 생태계입니다. 이로써 Android OS와 스마트 디바이스를 Web 3.0에 최적화하여 진입 장벽을 낮추고, 혁신적인 Web 3.0 모바일 기기(WebKey Phone)를 선보입니다.

WebKey가 만드는 새로운 Web 3.0 참여 방식
- 기존 사용자 습관을 유지하며 Web 3.0에 쉽게 접근
- 낮은 진입 장벽과 리스크로 Web 3.0 성장 기회 활용
- 일반인도 지속적인 수익 창출과 학습 성장 가능
- 모든 기여가 가치가 되고, 가치는 보상으로 이어지는 시스템
- 공정하고 투명한 Web 3.0 환경으로 새로운 기회 제공

WebKey의 접근성 혁신

① 사용자 여정 단순화

- WebKey는 직관적인 사용자 인터페이스(UI)와 간단한 운영 방식으로 누구나 쉽게 이용할 수 있습니다.
- 복잡한 블록체인 지식 없이도 디지털 자산 관리와 DApp(탈중앙화 애플리케이션) 사용이 가능합니다.

② 원클릭 참여(One-Click Participation)

- WebKey 플랫폼에서 DePIN 프로젝트, 디지털 자산 관리, 탈중앙화 금융(DeFi) 등을 원클릭으로 이용할 수 있습니다.

③ 통합 도구 제공

- 하드웨어 지갑, 탈중앙화 메시지 전달, 온체인 게임, 스마트 콘트랙트 도구가 기본 탑재되어 여러 앱을 전환해야 하는 불편을 해소합니다.

④ 낮은 진입 장벽

- WebKey는 비전문가도 쉽게 Web 3.0을 이용할 수 있는 사용자 친화적 기기와 앱을 제공합니다.
- 전문적인 기술 지식 없이도 Web 3.0을 활용할 수 있습니다.

⑤ 사전 설치된 Web 3.0 애플리케이션

- WebKey 기기는 필수 Web 3.0 앱과 서비스가 미리 설치되어 있어 즉시 사용이 가능합니다.

⑥ 경제적인 기기 제공

- WebKey Phone은 실속형부터 프리미엄 모델까지 다양한 라인업으로 제공되어, 원하는 기기를 선택할 수 있고 진입 비용도 절감됩니다.

WebKey와 기존 Web3 게이트웨이의 비교 및 장점

비교 항목	기존 Web3 게이트웨이	WebKey 게이트웨이
사용자 경험	복잡한 조작, 비직관적 UI, 학습 곡선 높음	간편한 조작, 직관적 UI, 높은 사용 편의성
보안성	보안 사고 빈번, 사용자 신뢰도 낮음	다중 보안 보장 (프라이빗 프로토콜, 듀얼 계정 모델 등), 높은 신뢰성
비용 효율성	높은 개발 및 운영 비용, 낮은 효율성	저비용, 높은 효율성 (디지털화된 하드웨어 및 소프트웨어 구조)
생태계 지원	분산된 생태계, 표준화 부족	완전한 Web3 생태계 지원, 표준화 및 상호운용성 강화

WebKey의 혁신이 만드는 Web 3.0의 미래

WebKey는 단순한 게이트웨이를 넘어 Web 3.0의 접근성 향상, 보안과 사용자 경험 혁신, 그리고 Web 3.0 기술의 대중화를 이끕니다.
- 진입 장벽을 낮춰 더 많은 사람의 Web 3.0 참여 지원
  - 안전하고 직관적인 사용자 경험으로 Web 3.0 활용도 극대화
  - Web 3.0 기술 확산으로 글로벌 디지털 경제의 지속 가능한 성장 도모

WebKey는 단순한 스마트폰이 아닌, Web 2.0과 Web 3.0을 잇는 혁

신적 디지털 인프라이자 누구나 자유롭게 Web 3.0를 탐험할 수 있는 진정한 Web 3.0 게이트웨이입니다. WebKey로, 모든 이가 Web 3.0에서 데이터 주권과 경제적 독립을 노리는 새로운 시대를 열어갑니다.

이러한 혁신적인 제품 기능으로 WebKey는 사용자의 Web 3.0 접근성과 안전성을 높이고 다양한 애플리케이션과 서비스를 통해 사용자 경험을 향상시킵니다.

WebKey의 주요 수익 모델

WebKey는 아래와 같은 주요 수익 모델이 존재합니다.

- 스테이킹
- 유동성 채권
- 스테이블 채권
- 웹키폰 판매 수익
- 레퍼럴 마케팅 수익

각 수익 모델은 사람이 아닌 AI에 의해 관리되며 wkeyDAO 토큰의 안정성을 위해 안정화 알고리즘을 도입하여 적용하고 있습니다.

스테이킹

(1) WebKey 스테이킹 개요

WebKey의 스테이킹은 wKeyDAO 토큰을 스테이킹 계약에 예치하는 방식으로 이루어집니다. 스테이킹을 통해 사용자는 wkeyDAO를 획득하며, 리베이스 주기마다 복리로 wkeyDAO 수량이 증가합니다.

- 리베이스 주기: 12시간 (**지금은 3시간으로 변경,** BSC 체인 하드포크에 따라)
- 복리 이율: 0.2 ~ 0.83%

스테이킹 참여자는 높은 연간 수익률을 얻을 수 있으며, 복리 구조로 인해 시간이 지날수록 수익이 가속화됩니다.

(2) 스테이킹 수익 구조

① 리베이스와 복리 효과

스테이킹된 자산은 3시간마다 복리 이율로 증가합니다.

② 복리의 특징

- 원금과 이자 모두에 이자가 발생하여 시간이 지날수록 수익이 가파르게 상승합니다.
- 사용자는 3시간마다 리베이스를 통해 복리 혜택을 얻습니다.

(3) 스테이킹과 입출금 방식

WebKey 스테이킹은 은행 입출금 통장과 유사한 방식으로 운영됩니다.

① 출금 방식
- 스테이킹 자산은 즉시 출금은 불가하나(입금 후 12시간의 잠김 (rock) 기간이 있음), 채권 대비 신속한 출금이 가능합니다.
- 입금 후 12시간 잠김 기간이 해제되면 자유롭게 출금이 가능합니다.

② 스테이킹의 장점
- 복리 구조로 인한 높은 수익률
- 상대적으로 우수한 유동성 제공

(4) WebKey 스테이킹 요약표

항목	내용
리베이스 주기	3시간
복리 이율	0.2 ~ 0.83%
복리 효과	리베이스마다 이자에 이자가 더해져 자산이 지속 증가
출금 방식	입금 후 잠김 기간 뒤에 바로 출금 가능
수익 구조 예시	1만 달러 스테이킹 시, 7일 후 약 10,574.79달러 도달 (이율 0.4% 기준)

(5) 결론

WebKey 스테이킹은 복리 기반의 높은 수익률과 유연한 입출금 시스템으로 매력적 투자 기회를 제공합니다. 3시간 단위의 리베이스와 복리 효과로 지속적 자산 증식이 가능하며 장기 수익을 극대화할 수 있고, 안정성과 수익성을 모두 추구하는 투자자에게 최적의 선택이 될 것입니다.

유동성 채권

(1) 유동성 채권이란?

유동성 채권은 WebKey 플랫폼에서 USDT로 이미 주조된 wKeyDAO 토큰을 할인된 가격으로 구매하여 약정하고 빌려주어 이자를 받는 투자 방식입니다.

① 기존에 주조된 토큰을 활용하므로 토큰 가격이 하락할수록 할인율이 높아져 더 낮은 가격에 구매할 수 있습니다.

② 약정 기간에는 원금을 전액 회수할 수 없지만, 약정 기간이 길수록 더 높은 할인율을 적용받을 수 있습니다.

(2) 유동성 채권의 특징

① 토큰 가격 방어 메커니즘

기존 주조된 토큰을 활용하여 토큰 가격 하락 시 할인율이 증가함으로써 투자자에게 유리한 조건을 제공합니다.

② 약정 기간과 원금

약정 기간이 끝나기 전에는 원금을 전액 회수할 수 없습니다. 채권 계약 해지가 불가능한 대신, 예치 금액을 360조각으로 나누어 하루에 1조각씩 찾을 수 있습니다.

③ 효율적인 투자 방식

할인된 가격으로 채권을 구매해도 원가 기준으로 이자가 지급되어 적은 투자금으로도 효율적인 수익을 창출할 수 있습니다.

유동성 채권의 수익 구조

항목	내용
wKeyDAO 현재 가격	50달러
채권 약정 기간	360일
채권 할인율	10~20%
할인 가격	40~45달러
이자 지급 기준	50달러(원가 기준)

위의 예시2에서 wKeyDAO의 현재 가격이 50달러일 때, 360일 약정으로 유동성 채권을 구매하면 40달러(20% 할인)에 구매할 수 있습니다. 이자는 구매가인 40달러가 아닌, 원가인 50달러를 기준으로 지급됩니다. 따라서 투자자는 할인 구매 혜택과 함께 높은 이자 이익을 얻을 수 있습니다.

(3) 유동성 채권의 장단점

장점	내용
할인율: 채권 약정 기간이 길수록 할인율 증가	**원금 제한**: 약정 기간 전에는 원금 전액 회수 불가
효율적인 수익 창출: 할인 구매 채권도 원가 기준 이자 지급	**계약 해지 불가능**: 계약 해지할 수 없어 단기간에 원금 자체를 회수할 수 없음
가격 방어 메커니즘: 토큰 가격 하락 시 더 높은 할인율 제공	**약정 기간**: 투자금이 고정되는 점 고려 필요

(4) 결론

유동성 채권은 적은 금액으로도 효율적인 수익을 창출할 수 있는 투자 모델입니다.

① 장기 투자를 통한 높은 할인율 적용

② 원가 기준 이자 지급 구조로 수익성을 극대화할 수 있습니다. WebKey 플랫폼의 유동성 채권은 안정적인 가격 방어 메커니즘과 함께 투자자들에게 높은 수익 기회를 제공하는 매력적인 옵션입니다. 다만 약정 기간 동안 자금이 고정되고, 계약 해지할 수 없으므로 신중한 투자 계획 수립이 필요합니다.

스테이블 채권

(1) 스테이블 채권이란?

스테이블 채권은 유동성 채권과 유사한 수익 구조를 가지되, 스테이블 토큰(USDT)으로 wKeyDAO 주조 과정이 추가된 투자 방식입니다.

(2) 스테이블 채권의 특징

① wKeyDAO 주조 과정

사용자가 wKeyDAO를 1개 주조할 때, 스테이블 코인(USDT)을 1:1 비율로 wKeyDAO 금고에 예치합니다. 이는 wKeyDAO 금고의 안정성과 유동성을 확보하는 핵심 시스템입니다.

② 채권 할인율의 변화

스테이블 채권은 wKeyDAO의 가격이 급격히 상승할 때, 상승 폭에 비례하여 채권 할인율이 증가합니다. 이로써 wKeyDAO 가격의 급격한 상승에 따른 불안정성을 완화할 수 있습니다.

③ 수익 구조

유동성 채권과 동일한 수익 구조로, 할인된 가격에 채권을 구매해도 원가 기준으로 이자를 받습니다. 자세한 수익 정보는 유동성 채권 설명을 참고하시기를 바랍니다.

④ 계약 해지

계약을 해지하고 싶은 경우에 계약 해지가 가능합니다. 원금을 모두 돌려받는 대신, 이자를 획득할 수 없습니다.

(3) 스테이블 채권과 유동성 채권의 차이점

항목	스테이블 채권	유동성 채권
사용 자산	스테이블 코인(USDT)	이미 주조된 wKeyDAO
가격 변화에 따른 할인율	wKeyDAO 가격 상승 시 할인율 증가	wKeyDAO 가격 하락 시 할인율 증가
재단 역할	wKeyDAO 주조를 통해 스테이블 코인 유동성 확보	이미 주조된 토큰의 활용 및 유통
안정성 목표	가격 상승 폭을 조정하여 wKey-DAO의 가격 안정성 유지	가격 하락 시 투자자에게 더 나은 조건 제공
계약 해지	계약 해지가 가능하지만, 계약을 해지할 경우, 이자 획득 불가능	계약 해지할 수 없는 대신 매일 예치 원금에 대한 1/360의 금액을 출금할 수 있음

(4) 스테이블 채권의 장점과 역할

① wKeyDAO 생태계 안정화

wKeyDAO 가격이 급격히 상승할 때 스테이블 채권의 할인율 증가로 가격 안정성을 확보합니다.

② wKeyDAO 금고의 유동성 확보

주조 과정에서 스테이블 코인(USDT)이 재단에 예치되어 유동성과 운영 안정성이 강화됩니다.

③ 투자자의 효율적 수익 창출

할인된 가격으로 wKeyDAO를 구매해도 원가 기준으로 이자가 지급되어 투자자는 효율적인 수익을 창출할 수 있습니다.

(5) 결론

스테이블 채권은 wKeyDAO 금고와 투자자 모두에게 안정성과 수익성을 제공하는 핵심 시스템입니다.

① 투자자 관점: 할인된 가격으로 wKeyDAO를 구매하고 안정적인 이익을 얻을 수 있는 기회

② 재단 관점: wKeyDAO 가격 상승을 조절하여 생태계 안정성을 유지하고, 스테이블 코인으로 운영 유동성 확보

스테이블 채권은 WebKey 생태계에서 가격 안정성과 투자 효율성을 동시에 달성하는 이상적인 옵션으로 자리 잡고 있습니다.

수익금 정산

(1) 수익금 인출 방법

수익 유형	인출 방식
스테이킹	보증기간 만료 후 전액 토큰 포켓(Token Pocket)으로 인출 가능
직급, 레퍼럴, 채권 수익	인출 시 모든 수익금이 터빈으로 이동

- 터빈에서 wKeyDAO를 찾아가는 방법

  터빈에서 wKeyDAO를 찾아가려면 토큰 포켓에 동일한 금액의 USDT를 보유해야 합니다.

- USDT 보유가 필요한 이유

  - wKeyDAO의 가격 안정성과 최소 시세를 보장하기 위해 터빈에서 인출 시 1:1 비율의 USDT가 보증금으로 필요합니다.
  - 이는 토큰의 시세 안정화와 전체 토큰 생태계의 가치 보호를 위한 조치입니다.
  - 보증금으로 예치된 USDT는 12~24시간 후 wKeyDAO 토큰으로 변환되어 반환됩니다.

(2) 예시 설명

[예시 1] 2 wKeyDAO 인출 시

- wKeyDAO 가격을 1개당 50달러로 가정

- 터빈 보유액: 2 wKeyDAO(100달러 상당)
- 인출 조건: 토큰 포켓에 100 USDT 보유 필요
- 인출 즉시 2 wKeyDAO가 지갑으로 이동
- 12~24시간 후 보증금 100 USDT가 wKeyDAO 토큰으로 전환되어 지급

예시 2 5 wKeyDAO 인출 시

- wKeyDAO 가격을 1개당 40달러로 가정
- 터빈 보유액: 5 wKeyDAO(200달러 상당)
- 인출 조건: 토큰 포켓에 200 USDT 보유 필요
- 인출 즉시 5 wKeyDAO가 지갑으로 이동
- 12~24시간 후 보증금 200 USDT가 wKeyDAO 토큰으로 전환되어 지급

예시 3 USDT가 부족한 경우

- 3 wKeyDAO(150달러 상당) 인출 시도 시 토큰 포켓에 100 USDT만 보유한 경우
- 필요 금액보다 50 USDT가 부족하여 인출 불가
- 해결 방법:타 거래소에서 USDT를 전송하여 보충하거나 WebKey 플랫폼 내에서 스테이킹 금액을 USDT로 직접 교환하여 사용

(3) 유의 사항

- 원활한 인출을 위해 충분한 USDT를 미리 확보해야 합니다.
- 보증금 USDT는 12~24시간 후 wKeyDAO로 지급되니 지연 시간을 고려하시기를 바랍니다.
- 필요시 WebKey 플랫폼에서 스왑을 통해 USDT를 확보할 수 있습니다.
- 인출 정책은 변경될 수 있으니 반드시 공식 공지를 확인하시기를 바랍니다.

안내를 참고하여 WebKey 수익금을 원활하게 찾아가시길 바랍니다.

레퍼럴 기초 가이드

(1) WebKey 레퍼럴 시스템과 수익 조건

WebKey의 레퍼럴 시스템은 사용자의 네트워크가 무한히 확장될 수

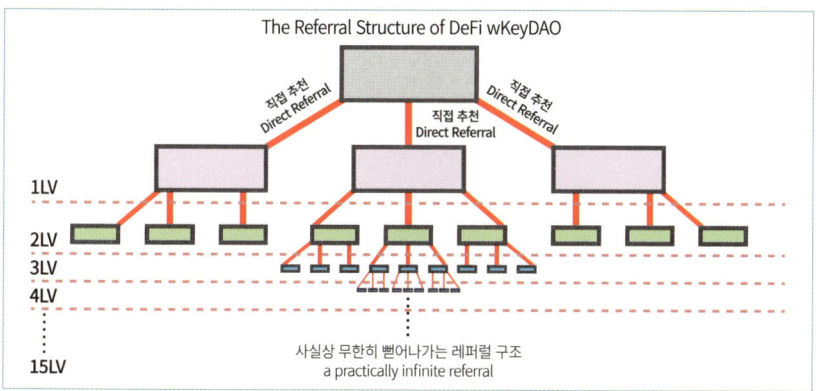

DeFi wKeyDAO의 Referral 구조

있도록 설계되어 있으며 추천 기반의 수익 모델을 제공합니다. 본인을 추천한 사용자를 직접 추천자(1세대, 1LV)라 하며, 그 추천자가 다시 다른 사용자를 추천하면 2세대(2LV), 이후 동일한 방식으로 15세대(15LV)까지 확장될 수 있습니다.

(2) WebKey 레퍼럴 시스템 구조

[예시 1] 1인당 1명씩 추천한 경우

A → B → C → D → E 순서로 추천이 이루어진 경우,

A 기준:

1세대(1LV): B

2세대(2LV): C

3세대(3LV): D

4세대(4LV): E

이렇게 A의 산하에는 총 4세대(4LV)까지의 사용자가 존재합니다.

[예시 2] A가 여러 명을 직접 추천한 경우

A가 B, C, D를 직접 초대하고, B가 E를 초대한 경우,

A 기준:

1세대(1LV): B, C, D (총 3명)

2세대(2LV): E (B의 산하에 소속)

이때 A의 산하에는 2세대(2LV)까지의 사용자가 존재하며,

1세대(1LV) 사용자는 총 3명

2세대(2LV) 사용자는 B를 통해 추천된 E 한 명입니다.

(3) 레퍼럴 수익 획득하기

1) 레퍼럴 수익 분배 구조

- 1~9세대(1~9LV): 각 10%의 수익 지급
- 10세대(10LV): 각 5%의 수익 지급
- 11~15세대(11~15LV): 각 1%의 수익 지급

따라서 최대 15세대까지 수익을 받을 수 있으며, 레퍼럴이 깊어질수록 일정 비율의 수익이 배분됩니다. 단, 레퍼럴 활동만으로는 수익이 자동으로 발생하지 않습니다. 레퍼럴 수익을 받으려면 두 가지 조건을 충족해야 합니다.

2) 레퍼럴 이익을 얻기 위한 조건

조건	설명
조건 1	몸값 조건 달성하기(본 계정에 일정 금액을 스테이킹 또는 채권으로 투자)
조건 2	직접 추천자(1세대, 1LV) 중 100달러 이상 예치한 활성화된 사용자를 확보하기

위 두 가지 조건을 모두 만족해야 레퍼럴 수익을 받을 수 있습니다.

[조건 1] 몸값 조건 달성하기

몸값 조건: 레퍼럴 수익을 받기 위해 본 계정에 일정 금액(USDT 또는 wKeyDAO 코인)을 스테이킹하거나 채권으로 보유해야 합니다.

몸값 조건에 따른 레퍼럴 수익 가능 범위

스테이킹 또는 채권 투자 금액	획득할 수 있는 레퍼럴 세대 (LV)
200달러	1세대(1LV)
400달러	2세대(2LV)
600달러	3세대(3LV)
800달러	4세대(4LV)
1,000달러	5세대(5LV)
…	…
3,000달러	15세대(15LV)

- 15세대(15LV)까지의 레퍼럴 수익을 받으려면 본 계정에 총 3,000달러 이상을 스테이킹하거나 채권으로 보유해야 합니다.
- 16세대 이후의 레퍼럴 수익을 원할 경우, 부계정을 생성하여 15세대 내 계정의 산하에 추가 등록하여 운영할 수 있습니다. 하지만 몸값 조건만으로는 레퍼럴 수익을 받을 수 없습니다. 반드시 '조건 2'도 충족해야 합니다.

[조건 2] 직접 추천한 유저 중 100달러 이상 투자한 활성화된 사용자를 확보하기

- 각 계정의 최소 투자 금액은 100달러입니다
- 직접 추천한 1세대(1LV) 사용자가 100달러 이상 투자해야 활성화 상태로 인정됩니다.
- 활성화된 1세대(1LV) 사용자가 많을수록, 더 깊은 레퍼럴 수익을 받을 수 있습니다.

활성화된 1세대(1LV) 유저 수에 따른 레퍼럴 수익 범위

활성화된 1세대 유저 수	획득할 수 있는 레퍼럴 세대 (LV)
1명	1세대(1LV)
2명	2세대(2LV)
3명	3세대(3LV)
…	…
10명	10세대(10LV)

- 즉, 1세대(1LV) 유저 10명이 각각 100달러 이상 투자하면 최대 10세대까지 레퍼럴 수익을 받을 수 있습니다.

3) 레퍼럴 수익을 받기 위한 최종 조건 정리

레퍼럴 수익을 받으려면 몸값과 활성화된 직접 추천자 수(1세대)를 균형 있게 유지해야 합니다.

[예시1] 몸값 400달러 + 1세대 활성화 계정 1명:
2세대(2LV)까지의 몸값 조건을 충족했으나, 활성화된 1세대 계정이 1명뿐이므로 1세대(1LV)까지만 수익을 받을 수 있습니다.

[예시2] 몸값 600달러 + 1세대 활성화 계정 10명:
3세대(3LV)까지의 몸값 조건을 충족했으므로 3세대까지만 수익을 받을 수 있습니다. (1세대가 10명이어도 10세대까지 받을 수 없음) 레퍼럴 수익을 최대화하려면 본 계정의 몸값과 활성화된 직접 추천자 수를 전략적으로 조정해야 합니다.

4) 마무리
WebKey의 레퍼럴 시스템은 추천 네트워크를 통해 수익을 창출할 수 있는 강력한 구조를 제공합니다. 몸값 조건과 활성화된 직접 추천자 수를 충족하면 최대 15세대(15LV)까지 수익을 받을 수 있습니다. 전략적인 레퍼럴 구조 운영으로 WebKey 생태계에서 경제적 혜택을 극대화할 수 있습니다.

(4) 레퍼럴 조건표
다음 표에서 가로로 1줄을 모두 만족해야 해당 노드가 활성화됩니다. 만약 크레딧 40, 몸값 600달러, 활성화된 직접 추천자 수 4명일 경우, 몸값은 3번째 줄에 있어서 레퍼럴 노드가 3세대까지만 활성화되게 됩니다.

크레딧	몸값(단위: 달러)	활성화된 직접 추천자 수
10	200	1
20	400	2
30	600	3
40	800	4
50	1000	5
60	1200	6
70	1400	7
80	1600	8
90	1800	9
100	2000	10
110	2200	11
120	2400	12
130	2600	13
140	2800	14
150	3000	15

(5) 레퍼럴의 추가적 혜택

레퍼럴 프로그램에 따른 주조세율 감면 및 시뇨리지 보상: WebKey 생태계에서는 레퍼럴(Referral) 프로그램을 통해 주조세율(Seigniorage Tax) 감면 혜택을 받을 수 있습니다. 또한, 활성화된 직접 추천자 수에 따라 추가적인 시뇨리지 보상(Seigniorage Rewards)도 획득할 수 있습니다.

1) 레퍼럴을 통한 주조세율 감면 혜택
- 주조세율 기본값: 15%
- 활성화된 직접 추천자 1명당 주조세율 1% 감소

- 최대 감면: 0%까지 가능

즉, 직접 추천자 15명을 활성화하면 주조세가 0%까지 감소합니다.

2) 주조세율 감면 구조

활성화된 직접 추천자 수	주조세율
0명	15%
1명	14%
2명	13%
…	…
14명	1%
15명 이상	0%

3) 추가 시뇨리지 보상 혜택
- 활성화된 직접 추천자가 16명 이상일 때 시뇨리지(Seigniorage) 보상 추가 획득 가능
- 주 1회 배당 지급
- 추가 WebKey 생태계 참여 혜택 제공

4) 레퍼럴을 통해 활성화된 직접 추천자 수에 따라 주조세율이 감소하며, 16명 이상일 경우 추가 시뇨리지 보상을 받을 수 있습니다. 이를 통해 WebKey 생태계에서 더욱 효율적인 참여와 보상 극대화가 가능합니다.

DAO 리워드

DeFi 3.0 wKeyDAO

(단위 : 달러)

직급	직급 조건			보상
	본인	대실적	소실적	
A1	300	20,000	5,000	1~15%
A2	1,000	60,000	15,000	16~25%
A3	2,500	150,000	50,000	26~35%
A4	4,000	400,000	100,000	36~45%
A5	6,000	1,000,000	250,000	46~55%
A6	8,000	2,500,000	500,000	56~65%
A7	10,000	5,000,000	1,500,000	66~75%
A8	12,000	10,000,000	3,000,000	76~85%
A9	15,000	50,000,000	10,000,000	86~100%

(1) DAO 리워드이란?

DAO 리워드는 WebKey 생태계를 구축한 사용자에게 재단이 안정적으로 보상을 지급하는 시스템입니다. 사용자가 대실적과 소실적을 충족하고 자신의 몸값 조건까지 만족하면 하루 한 번 보상이 지급됩니다.

- 보상 지급 빈도: 주말과 공휴일에도 매일 지급
- 주의: 대실적, 소실적, 몸값 중 하나라도 조건을 충족하지 못하면 보상이 지급되지 않습니다. 따라서 세 가지 조건을 모두 충족해야 합니다.

(2) 대실적과 소실적의 기준

① 대실적과 소실적은 본인의 1세대에서 형성된 네트워크의 투자 유치 실적에 따라 구분됩니다. 네트워크별 투자 유치 금액을 기준으로 대실적과 소실적이 결정됩니다.

② 다음 예시를 통해 대실적과 소실적을 살펴보겠습니다:

- 본인의 1세대에 A, B, C, D, E가 있습니다.
- A의 네트워크에서 총투자 금액이 15만 달러를 초과했습니다.
- B~D는 투자 실적이 없습니다.
- E의 네트워크에서 총투자 금액이 5만 달러를 초과했습니다.

이런경우,

A의 총 실적: 15만 달러, E의 총 실적: 5만 달러

따라서 A = 대실적, E = 소실적

(3) DAO 리워드를 받기 위한 조건

DAO 리워드를 받으려면 다음 3가지 조건을 충족해야 합니다.

- 대실적 충족
- 소실적 충족
- 본인의 몸값 조건 충족

  예시 ː 대실적과 소실적을 만족하고 몸값을 2,500달러 이상 보유할 경우

(4) 요약

DAO 리워드를 대실적, 소실적, 몸값 조건을 모두 충족해야 지급됩니다. 직급을 빠르게 올리는 것이 저자본 사용자들의 실질적인 수익화 방법이 될 수 있습니다.

(5) 위 예시의 대실적, 소실적, 몸값 조건 요약표

조건	설명
대실적	본인 산하에서 15만 달러 이상의 총투자 금액을 달성한 네트워크(1세대 기준)
소실적	본인 산하에서 5만 달러 이상의 총투자 금액을 달성한 네트워크(1세대 기준)
몸값 조건	본 계정에 일정 금액(USDT 또는 wKeyDAO 코인)을 스테이킹하거나 채권으로 보유해야 함 (2,500달러 이상)

(6) 결론

대실적과 소실적을 모두 충족하고 몸값 조건까지 만족하면, wKey DAO 리워드를 받을 수 있습니다. 예를 들어, 대실적과 소실적 조건을 충족하고 몸값을 2,500달러 이상 보유한 경우

WebKey 생태계에서 직급을 빠르게 올리는 것은 안정적인 수익을 창출하는 핵심 전략입니다.

Q1. WebKey는 어떻게 많은 보상을 줄 수 있는가?

Web 2.0 시대의 금융 패러다임으로는 이해하기 어려울 수 있습니다. 예를 들어, 은행의 적금은 고객의 예금을 재원으로 삼아 대출을 실행하고 대출이자에서 예금이자를 지급하는 '예대 차익' 구조에 기반합니다. 이는 전형적인 중앙화된 금융 구조입니다.

하지만 WebKey는 완전히 다른 방식으로 작동하는 Web 3.0 기반 탈중앙화 플랫폼(DAO)입니다.

▶ WebKey의 핵심 구조: DAO와 스마트 계약

WebKey는 DAO(탈중앙화 자율 조직)로 사람이 관여하지 않아도 스마트 계약을 기반으로 자율적으로 운영됩니다. 사용자는 wKeyDAO 토큰을 스테이킹함으로써 WebKey 플랫폼과 계약을 체결합니다. 이후 스마트 계약에 따라 보상이 자동으로 지급됩니다. 이 보상은 '현금'이 아닌 프로토콜이 발행하는 코인(토큰)입니다.

즉, WebKey는 "재원이 있어서 보상을 주는 구조가 아니라, 약속된 알고리즘과 공급 규칙에 따라 토큰을 주조하여 지급"하는 시스템입니다. 여기서 돈은 시스템 자체가 주조하는 것이지, 돈을 버는 개념이 아닙니다. 학문적으로는 시뇨리지(주조 이익)를 참여자들에게 모두 되돌려 주는 것입니다.

▶ 수익률이 높은 이유는 무엇인가?

WebKey 스테이킹 계약은 지급된 코인의 숫자를 기준으로 수익률을 계산합니다. 예컨대, 연간 기준으로 보면 스테이킹 참여자에게 지급되는 코인 수량이 원금 대비 1,000%를 초과할 수 있습니다. 그러나 이 수익의 실제 가치는 시장 가격에 따라 달라지며, 가격이 두 배가 오르면 2,000~3,000%의 수익, 가격이 절반으로 떨어지더라도 여전히 500%의 수익이 발생할 수 있습니다. 즉, '돈을 벌 수 있는 재원이 있어서'가 아니라 참여자가 스테이킹한 이후 보상을 받은 토큰의 '시장 가치'에 의해 수익이 결정되는 구조입니다. 요약하면 WebKey의 보상은 수익을 분배하는 구조가 아닌, 스마트 계약 기반의 약속된 지급 메커니즘입니다. "보상이 어디서 나오느냐"는 Web 2.0의 질문이며, Web 3.0에서는 시장의 신뢰와 수요에 따라 토큰의 가치가 형성됩니다. 비트코인, 이더리움, 그리고 모든 블록체인 코인 역시 마찬가지로 실질적 '재원'이 따로 존재하지 않습니다.

Q2. 삼성이나 애플 등 스마트폰 전문 대기업에서 만들면 경쟁력이 있나?

삼성이나 애플과 같은 글로벌 IT 대기업들도 충분한 기술력과 자금력을 갖추고 있어, 원한다면 WebKey처럼 Web 3.0 통합 OS를 개발하고 이를 탑재한 새로운 스마트폰을 만들 수 있을 것입니다. 실제로 삼성전자는 아이폰의 등장을 계기로 더 나은 제품을 빠르게 선보인 바 있고, 애플은 이미 세계 최고의 기술 인재들이 모여 있는 혁신기업입니다. 그들이 무언가를 못 만들 리는 없죠. 그러나 진짜 중요한 것은 '판이 바뀔 때 누가 먼저 움직이느냐'는 점입니다. 게임의 규칙이 바뀌는 순간 시장의 주도권도 함께 이동합니다. 이 시점을 놓치면 아무리 좋은 기술과 자금이 있어도 '따라가는 자'가 되며 그 싸움은 전혀 쉽지 않습니다.

현재의 아이폰과 갤럭시폰은 모두 Web 2.0 스마트폰입니다. 운영 체제는 iOS 또는 Android, 즉 정보를 다루는 시스템에 불과합니다. 반면, Web 3.0 스마트폰은 정보 + 가치(자산)를 함께 다루는 새로운 개념의 디바이스로 반드시 블록체인 기반 운영 체제 위에서 작동해야만 합니다. 같은 모양의 기계일지라도 내부 기술 구조와 작동 방식은 완전히 달라야 하며 결과 또한 전혀 다릅니다. Web 2.0폰은 사용자가 돈을 써야 하는 소비재이지만 Web 3.0폰은 사용자가 시간이 지남에 따라 자산을 벌 수 있는 생산 플랫폼입니다. 따라서 사용자는 이제 멋진 디자인이나 빠른 인터넷보다 '가치를 생성해 주는 시스템'을 보고 스마트폰을 선택하게 될 것입니다.

역사는 이미 이런 전환이 어떤 결과를 초래하는지 보여줍니다. 노키아와 모토로라는 기술력과 자본이 부족해서 아이폰을 만들지 못한 것이 아닙니다. 오히려 기존 시장에서의 성공 경험이 '변화의 타이밍'을 무디게 만든 것이 결정적이었습니다. 당시 삼성전자는 시장 점유율에서 후발 주자였고, LG전자는 스마트폰 전환 시점을 놓쳐 결국 23분기 연속 적자 후 스마트폰 사업에서 철수하게 됩니다. 즉, 판이 바뀔 때 중요한 건 기술이 아니라, '새로운 질서에 얼마나 민감하고 빠르게 대응하느냐'는 것입니다.

WebKey는 이미 이러한 판의 전환점을 정확히 포착하고 블록체인 기반 Web 3.0폰의 통합 OS라는 새로운 기준을 제시했습니다. 시장을 먼저 움직이는 자만이 시장을 이길 수 있습니다. 변화의 시기, 선도자가 될 것인지 추격자가 될 것인지를 결정짓는 순간입니다.

과거 노키아와 모토로라는 전 세계 휴대전화 시장의 60% 이상을 점유하던 절대 강자였습니다. 그러나 아이폰이라는 새로운 판이 등장하자, 그들은 변화를 따라갈 엄두조차 내지 못했습니다. 왜일까요? 그들이 여전히 수익을 내던 것은 플라스틱 버튼이 달린 피처폰이었고 그 익숙한 성공 방식이 새로운 시도로의 전환을 막았기 때문입니다.

이것이 바로 '1등의 저주'입니다. 기존 판에서 몸집이 커질수록 새로운 판으로의 점프는 오히려 더 어려워집니다. 삼성이나 애플이 Web 3.0폰을 선제적으로 개발하지 못하는 이유는 그들의 사업 구조와 조직 문화가 블록체인 산업에 특화되어 있지 않기 때문입니다. 설령 만든다 하더라도 구매자에게 어떤 혜택을 줄 수 있을까요?

사가폰(Saga)이나 코랄폰(Coral)은 이미 여러 블록체인 프로젝트와 연계해 에어드롭 메커니즘을 구축했습니다. WebKey는 멀티 체인 OS를 탑재하고, 아누비 재단과의 협업을 통해 이미 100개 이상의 다양한 프로젝트와 에어드롭 파트너십을 확보하고 있습니다.

이는 단순히 핸드폰이 아닌, Web 3.0 생태계 자체에 속해 있는 플랫폼이기에 가능한 일입니다. 삼성과 애플이 Web 3.0폰을 출시한다면? 그건 오히려 WebKey폰의 최고의 홍보 기회가 될 것입니다. 전 세계가 "Web 3.0폰이 대세가 되는구나."라고 인식하는 순간입니다.

그리고 만약 삼성이나 애플이 WebKey 휴대전화기처럼 매력적인 에어드롭 혜택이 있는 핸드폰을 만든다면? WebKey 휴대전화기 입장에서는 '고맙습니다'입니다. 돈이 되는 스마트폰이라면 한 대 더 살 이유가 생기기 때문입니다.

항목	Web 2.0폰	Web 3.0폰
다루는 대상	정보 중심 (Data)	정보 + 가치 (Data + Asset)
소비/생산 개념	소비재 - 돈을 쓰는 기기	생산재 - 돈을 벌어주는 플랫폼
사용 방식	한 대만 소지	여러 대 보유 가능 (자산 수익 목적)
운영체제(OS)	iOS, Android (Web 2.0 기반)	블록체인 기반 멀티체인 OS

Web 2.0폰은 나의 정보만 관리하는 소비재였지만 Web 3.0폰은 나의 자산까지 책임지는 디지털 파트너가 됩니다. 이제 우리는 '핸드폰을 산다'라는 개념이 아닌 핸드폰을 통해 생태계에 참여하고 수익을 창출한다라는 개념으로 이동하고 있습니다. 이것이 곧, 스마트폰 세상이 바뀌었다는 증거입니다.

Q3. WebKey가 얼마나 오래 갈까?

▶ 독창성과 지속 가능성을 겸비한 유일한 플랫폼

WebKey는 인류 역사상 유례없는 이중 구조의 독창적 플랫폼입니다. 하나는 차세대 금융을 선도할 DeFi 3.0 금융 플랫폼, 다른 하나는 DePIN 기반 WebKey 스마트폰 플랫폼으로 구성되어 있습니다.

▶ DeFi 3.0: 금융의 진화, 혁신의 완성

WebKey의 DeFi 3.0은 DeFi 1.0의 유니스왑(Uniswap)과 DeFi 2.0의 올림푸스 다오(OlympusDAO)의 장점은 살리고 기존의 한계를 보완한 혁신적 금융 시스템입니다.

이 두 플랫폼이 그동안 보여준 생존력과 성과는 DeFi의 가능성을 입증해 왔으며, DeFi 3.0은 여기에 DePIN 분야 중 Web 3.0폰을 접목시켜 보다 안정적이고 지속 가능한 수익 구조를 완성했습니다. 아직 시장은 초기 단계에 있으며, WebKey처럼 조기에 자리를 잡은 플랫폼은 앞으로도 성장 가능성이 매우 큽니다. 실제로, WebKey는 출범 7개월 만에 70만 개 이상의 노드를 확보하며 빠르게 안정적인 기반을 다졌습니다.

▶ WebKey폰: 정보와 자산을 함께 관리하는 종합 디지털 파트너

DePIN 트랙에 기반한 WebKey폰은 단순한 스마트폰이 아닙니다. 이제는 사용자 개인의 정보뿐 아니라 자산까지 관장하는 온전한 나 자신이 되는 핸드폰입니다. 애플의 iPhone이 정보 중심의 스마트폰으로 18년간 시장을 지배했다면 WebKey폰은 그 다음 시대를 여는 "정보 중심에 더하여 자산 중심 스마트폰의 종착점"이 될 것입니다. 이 핸드폰은 블록체인 기반 보안, 에어드롭 수익, 커뮤니티 중심 생태계를 품은 완전히 새로운 생활 디바이스입니다.

▶ 생태계 완성과 폭발적 확장

플랫폼이 완성되는 순간, 그 영향력은 기존의 인터넷 패러다임을 완전히 뒤바꿀 수 있습니다. 스테이킹 수익률의 매력에 의해 폭발적인 유저 증가, 멀티 체인 OS 기반의 Web 3.0 앱스토어에는 개발자들이 대거 유입, 다양한 분산형 앱(DApp)이 생성되어 디지털 경제의 새로운 동력이 될 것입니다. Web 3.0 스토어가 스마트폰에 탑재되는 순간, 사용자 유입은 예측조차 어려울 만큼 커질 가능성이 있습니다.

▶ wkeyDAO 코인의 미래 가치

WebKey 플랫폼 내에서 결재와 생태계 보상을 책임지는 기축통화 역할의 wkeyDAO 토큰 백서에는 이미 듀얼 토큰 구조와 2027년 메인넷 개발 계획이 명시되어 있습니다. 생태계 수요가 커질수록 wkeyDAO 코인의 가치도 함께 비상할 것입니다. 실제 디지털 수익을 창출하는 WebKey 폰이 대중화되고, 앱스토어와 스테이킹 시스템이 대중적 생태계로 자리 잡는다면 wkeyDAO의 가치 상승은 단순한 추측을 넘어 필연적인 미래가 될 것입니다.

지금 WebKey폰을 구매하면 어떤 이익이 생길까?

현재 WebKey폰을 구매하면, wKeyDAO 네이티브 토큰 3.3개(약 100달러 상당)가 기본 스테이킹으로 제공됩니다.

-기준 가격: wKeyDAO 토큰 1개 = 30달러일 경우

-연간 수익률 약 1,100%를 적용하면,

–2년 후 약 500개 이상의 코인을 보유하게 될 수 있습니다.

수익 시나리오 예시 (2년 기준)

코인 가격	예상 보유 수량	예상 수익(달러)	한화 환산(원)
10달러	약 500개	5,000	약 800만 원
30달러	약 500개	15,000	약 2천만 원
500달러	약 500개	255,000	약 3억 원 이상

이처럼 토큰의 시세와 수량 증가가 맞물릴 경우, 폭발적인 수익으로 이어질 수 있습니다. 물론 이는 시장 조건과 가격 변동에 따라 달라질 수 있으나, 완전히 불가능한 시나리오는 아닙니다. 예를 들어 wKeyDAO 코인 가격이 100달러로 상승한 이후에 WebKey폰을 구매하면 기본 제공되는 스테이킹 수량은 1개 수준으로 줄어들 수 있습니다.

–2년 후 예상 보유량: 약 130개

–이 경우에도 수익은 존재하지만 초기 진입 시점에 비해 상승 잠재력은 제한적일 수 있습니다.

▶ **결론: 언제가 가장 좋은 구매 시점인가?**

답은 명확합니다. wKeyDAO 토큰 가격이 낮고 수익률이 높은 지금이, 가장 유리한 진입 시점입니다. 스테이킹 수량이 많아지고 시간에 따라 복리처럼 증가하며 가격 상승 시 수익이 지속적으로 확장되기 때문입니다.

Q4. 사가(Saga)폰, 코랄(Coral)폰 등 다른 Web 3.0폰에 비해 Webkey Phone 판매 초점은?

구분	WebKey Phone	Saga Phone 등	2년 후 수익 예상
Native토큰 스테이킹	100달러의 wKeyDAO	없음	5천 달러 ~ 2만 달러
에어드롭 범위	모든 프로젝트	단일	
레퍼럴 수익	참여자 수익	없음	
네트워크 효과	대단히 큼	큼	

네트워크 효과(Network Effect)는 특정 상품이나 서비스의 가치가 그 상품이나 사용자 수에 따라 현상으로 사용자가 많아질수록 해당 상품이나 서비스의 효용이나 매력이 더 커지는 것을 말합니다. 네트워크 효과는 다음과 같은 특징을 갖습니다.

- **수요 측면의 규모의 경제**: 사용자가 많아질수록 상품이나 서비스의 가치가 증가해 더 많은 사람이 사용하는 선순환 구조를 형성합니다.

- **긍정적 피드백 루프**: 사용자가 증가하면 다른 사용자에게도 매력적으로 다가가 사용자가 더 늘어나는 효과를 가져옵니다.

- **초기 시장 진입의 어려움**: 네트워크 효과가 강력할수록 신규 사업자가 시장에 진입하기 어려워집니다.

- **플랫폼 비즈니스 모델의 핵심**: 온라인 플랫폼, 소셜 네트워크 서비스(SNS), 전자상거래 등에서 네트워크 효과는 핵심적인 경쟁 우위를 제공합니다.

Q5 ... 왜 업비트, 바이낸스 등 CEX 거래소에 상장이 안 되어 있나?

wKeyDAO는 지금은 주조(minting) 토큰이라 DEX거래소에만 상장이 됩니다. CEX 거래소는 코인 숫자가 확정되어야 상장을 시켜줍니다. 2027년 메인넷과 함께 Wkey을 발행할 듀얼코인의 계획이 있습니다. 지금과 같이 WebKey 커뮤니티가 성장하면 CEX 거래소들이 앞다투어 상장을 요청할 것입니다. 거래소는 수수료를 통해 이익을 얻는 생리를 가졌기 때문입니다.

Q6 ... 다단계 아닌가?

WebKey는 다단계가 아닙니다. 다단계는 수직적 피라미드 구조를 기반으로 한 전형적인 영업조직입니다. 이러한 조직은 본질적으로 명령과 통제, 억압과 착취가 내재되어 있으며, '하위가 물건을 팔아야 상위가 이익을 얻는' 구조, 지속적인 상품 구매와 실적 압박, 집합 교육 및 과도한 동기부여 행위(가스라이팅), 이런 특징들로 인해 다단계는 종종 비민주적이고 비효율적인 시스템으로 작동합니다.

▶ **WebKey는 무엇이 다른가?**

　WebKey의 레퍼럴 마케팅은 다단계와는 본질적으로 다른 수평적 네트워크 구조입니다. 여기서 돈을 벌어오는 주체는 개인이 아니라 시스템입니다. 즉, 사용자가 플랫폼에 연결되면 지갑 주소만 연동되고 참여자는 어떤 판매 활동 없이도 스테이킹을 통해 시스템이 생성한 이익의 일부를 자동으로 배분받습니다.

▶ **핵심 차별점- 레퍼럴은 억압이 아닌 기여 기반 보상**

　WebKey의 레퍼럴 보상은 단순히 '누구를 데려왔느냐'가 아니라, 플랫폼 확장에 얼마나 이바지했느냐를 바탕으로 설계된 기능적 보상 시스템입니다. 스테이킹에 참여하지 않으면 레퍼럴 자격도 없습니다. 참여 여부는 전적으로 개인의 선택이며 스테이킹한 모든 자산은 전액 리베이스 보상 기준으로 시스템에 반영됩니다. 소개자에게 주어지는 보상은 원금에서 차감되지 않고 리베이스된 수익에서 배분됩니다.

▶ **결론**

　WebKey는 사람을 동원하고 수익을 착취하는 구조가 아닌 시스템이 벌어들인 수익을 정의롭게 분배하는 구조입니다. 이는 동원이 아닌 동행, 명령이 아닌 자율, 억압이 아닌 기여의 문화로 이어집니다. 따라서 WebKey의 레퍼럴 구조는 다단계와 전혀 다른 Web 3.0 철학이 녹아든 수평적 네트워크 마케팅 전략입니다.

구분	다단계	레퍼럴
형태	수직적 피라미드	수평적 네트워크
돈을 벌게 하는 주체	하위 판매원	시스템
수익의 원천	너의 돈이나 능력	시스템 능력
소개 수수료	있음(금융)	없음
즉시 해지 가능 여부	불가	가능

Q7 ... 더 좋은 DeFi가 나오면 어떻게 하나?

Web 3.0 시대는 완전히 새로운 기준을 필요로 합니다. Web 2.0의 사고방식으로 Web 3.0을 이해하려 하면 혼란에 빠지기 쉽습니다.

▶ **Web 2.0의 패러다임: 경쟁과 독점**

Web 2.0 시대는 인터넷이라는 기술 기반 위에 실물 위주의 경제 체제가 펼쳐졌습니다. 이 체제의 특징은 경쟁과 의심이 작동 원리이고 소비자는 하나의 선택만 합니다.

플랫폼도 마찬가지입니다. 포털 사이트 이용도 단일화됩니다. 넷스케이프 → 야후 → 구글로 이어진 흐름처럼 더 나은 서비스가 나오면 기존은 도태됩니다. 이러한 구조는 우리에게 익숙하지만, 동시에 승자독식 구조로 이어져 혁신이 소수에게만 집중되는 경향이 있습니다.

▶ **Web 3.0의 철학: 연결, 병행, 그리고 가치의 다양성**

DeFi(탈중앙화 금융)는 Web 2.0과는 전혀 다른 가치 패러다임을 가지고 있습니다. DeFi는 정보나 물질이 아닌 '가치'를 다루는 산업입니다. 경쟁이 아닌 문제 해결 중심으로 운영되며 각 DeFi 프로젝트는 서로 다른 목표와 철학을 갖고 공존합니다.

예 ː 전자지갑의 변화

사용자는 하나의 디지털 지갑에 비트코인, 이더리움, 솔라나, wKey-DAO, OHM, UNI 등 여러 개의 코인을 동시에 보유할 수 있으며 이를 위해 추가 비용이 발생하지 않습니다. 이는 Web 2.0의 하나는 선택, 하나는 포기라는 논리와 완전히 다릅니다.

Web 2.0은 몸이 움직이는 사업, Web 3.0은 지갑이 움직이는 생태계, Web 2.0에서는 사업의 중심이 사람의 몸에 있었습니다. 삼성생명의 설계사가 흥국생명 보험을 동시에 팔 수 없는 것처럼 경쟁 조직 간의 배타성과 충성도가 사업의 구조를 이끌었습니다.

반면 Web 3.0에서는 몸이 아니라 전자지갑이 핵심입니다. 유니스왑, 올림푸스 다오, Origin, WebKey 등 여러 플랫폼을 동시에 활용할 수 있으며 더 나은 플랫폼이 나와도 기존 프로젝트가 즉시 소멸하지 않습니다. 사용자 기반이 존재하는 한 그 가치는 서서히 이동합니다.

따라서 Web 3.0에서는 경쟁에 몰두하기보다는 여러 가능성을 병렬로 실험할 수 있습니다. 미래에 DeFi 4.0이 나오더라도 기존의 금융 프로젝트는 여전히 활용할 수 있으며 전전긍긍할 필요 없이 꾸준히 배우고 기술을 이해하며, 미래를 예측하는 태도가 중요합니다.

Web 2.0과 Web 3.0의 차이 비교

구분	Web 2.0	Web 3.0
기반 기술	인터넷	블록체인/스마트 콘트랙트
거래 전제 조건	경쟁/의심	상생/신뢰
수요 중복	단일 수요	중복 수요
소유권	내 것인데 네가 주인	내 것이고 내가 주인
조직 형태	중앙집중형	탈중앙형
주축	전문가	대중
결과	양극화	평등

Q8. WebKey는 왜 DePIN에 집중할까?

DePIN(탈중앙화된 물리적 인프라 네트워크)은 블록체인과 탈중앙화 프로토콜을 활용하여 물리적 시설을 관리하는 개념입니다. 기존 중앙화된 인프라 네트워크의 문제점을 해결하고 보다 투명하고 효율적인 운영을 가능하게 합니다.

▶ **DePIN의 기본 개념**

DePIN은 분산형 네트워크를 통해 데이터 저장, 컴퓨팅 자원, IoT 장치 등을 관리하는 방식으로 운영됩니다. 이를 통해 기존 중앙화된 인프라의 문제점인 높은 비용, 보안 취약점, 불투명한 운영 등을 개선할 수 있습니다.

▶ **현재 진행 현황**
- **AI와의 융합:** AI 모델 학습과 추론을 위한 탈중앙화된 컴퓨팅 파워 제공이 주요 방향으로 자리 잡고 있습니다.
- **데이터 저장 및 검색:** 블록체인을 활용한 안전한 데이터 저장 해결책이 증가하고 있으며, AI 데이터 저장 수요 증가에 따라 더욱 중요한 역할을 하고 있습니다.
- **IoT 및 클라우드 컴퓨팅:** 저전력 IoT 장치와 클라우드 컴퓨팅 자원을 탈중앙화하여 제공하는 프로젝트들이 활발히 진행 중입니다.

▶ **개선이 필요한 문제점과 원인**
- **법적 불확실성:** 블록체인 기반 인프라의 법적 규제와 관련된 불확실성이 존재합니다.

- **기술적 복잡성:** DePIN 네트워크를 쉽게 이해하고 사용할 수 있도록 기술을 수정하는 것이 필요합니다.
- **중앙화된 네트워크와의 경쟁:** 기존 중앙화된 인프라 네트워크와 비교했을 때, 초기 도입 비용과 운영 방식에서 경쟁력이 부족할 수 있습니다.

▶ 미래 전망

- **AI와의 결합 강화:** AI 모델 학습과 추론을 위한 탈중앙화된 인프라가 더욱 발전할 것으로 예상됩니다.
- **더 많은 산업으로 확장:** 물류, 에너지, 센서 네트워크 등 다양한 분야에서 DePIN의 활용이 증가할 것입니다.
- **규제 개선 및 대중화:** 법적 규범을 준수하기 위한 노력이 강화되면서 DePIN 프로젝트가 더욱 안정적으로 운영될 가능성이 높습니다.

DePIN은 기존 인프라를 혁신적으로 변화시킬 수 있는 잠재력을 지니고 있으며, 향후 더욱 발전할 것으로 기대됩니다.

WebKey는 DePIN(탈중앙화 물리 인프라 네트워크)의 방향성 속에서, Web 2.0 시대의 가장 대표적인 대중 환경이 '스마트폰'이라는 점에 주목했습니다. Web 3.0이 인류에게 선물하는 핵심은 "블록체인 기술이 만들어내는 가치를 더 공평하게 분배하는 기회"입니다.

이 새로운 가치 생태계에 누구나 쉽게 참여할 수 있도록 돕는 도구가 바로 스마트폰이며, WebKey는 그 진입점을 완성도 높은 Web 3.0폰으로 실현하는 것을 목표로 삼았습니다.

스티브 잡스는 말했습니다.

"아이폰은 스마트폰을 재창조했다."

WebKey폰은 그 철학을 한 단계 더 진화시킨 '재산을 생성하는 스마트폰', 즉 사용자의 지위와 자율성까지 끌어올린 진정한 Web 3.0 디바이스입니다. 기존 스마트폰이 사용자의 정보 관리 도구에 머물렀다면 WebKey폰은 정보 + 자산을 모두 관장하는 완전한 디지털 자아의 확장입니다.

이제 스마트폰은 단순한 도구를 넘어 나의 전부, 나의 가치를 키우는 파트너로 변화하고 있습니다.

WebKey폰은 스마트폰의 재창조다!

반쪽의 나에서 → 온전한 나
소비재에서 → 생산재로

Q9 ... 메인넷이 있는가?

네, 있습니다. 2027년 메인넷 개발 로드맵이 있습니다.

WebKey 프로젝트는 BSC체인을 기반으로 동작하는 것으로 시작하였습니다. 프로젝트 대부분이 처음에는 메인넷 없이 프로젝트를 시작합니다. 메인넷 개발 계획을 차츰차츰 프로젝트를 진행하면서 상세한 개발 내용들을 현실적으로 업그레이드하기 쉽기 때문입니다.

- **-개발 및 테스트 단계:** 메인넷을 구축하는 것은 복잡하고 많은 자원이 필요한 작업입니다. 초기에는 테스트넷을 활용하여 기술을 검증하고 보안 문제를 해결하며 네트워크의 안정성을 확보하는 것이 일반적입니다.
- **-자금 및 투자 유치:** 많은 프로젝트가 초기 단계에서 이더리움 같은 기존 블록체인 네트워크를 활용하여 토큰을 발행하고, 투자자를 유치한 후 메인넷 개발을 진행합니다. 메인넷을 바로 구축하려면 상당한 비용과 기술력이 필요하므로 먼저 시장에서 자금을 확보하는 전략을 사용합니다.
- **-생태계 구축:** 프로젝트가 성공하려면 개발자, 사용자, 투자자 등 다양한 참여자가 필요합니다. 메인넷 없이 시작하면 빠르게 시장에 진입하여 커뮤니티를 형성하고, 이후 메인넷을 통해 독립적인 생태계를 구축할 수 있습니다.
- **-기술적 위험 감소:** 메인넷을 처음부터 구축하면 예상치 못한 기술적 문제가 발생할 수 있습니다. 따라서 기존 블록체인을 활용하여 초기 운영을 진행한 후 충분한 테스트를 거쳐 메인넷을 출시하는 것이

더 안전한 방법입니다.

이러한 이유로 많은 블록체인 프로젝트가 먼저 테스트넷과 기존 블록체인을 활용한 후 점진적으로 메인넷을 개발하는 전략을 선택합니다. 단순히 전략적인 문제일 뿐입니다.

웹키는 2027년 이후에 퍼블릭 블록체인 메인넷을 개발할 계획이 있습니다.

Q10 ... wKeyDAO 가격 폭락이 발생하지 않는 이유는?

혁신적인 알고리즘으로 만들어진 유동성 풀이기 때문입니다. DeFi 1.0 UNI 코인이나 DeFi 2.0 OHM 코인은 단기간에 가격이 천당까지 올랐다가 지옥까지 떨어졌습니다. 그리고 장기간에 걸쳐서 밑바닥을 다지면서 기초 체력을 키운 다음 서서히 반등하는 가격 변동 그래프를 보여줬습니다.

OHM 가격 변동표 - 코인마켓캡, 2025. 05. 08. 기준

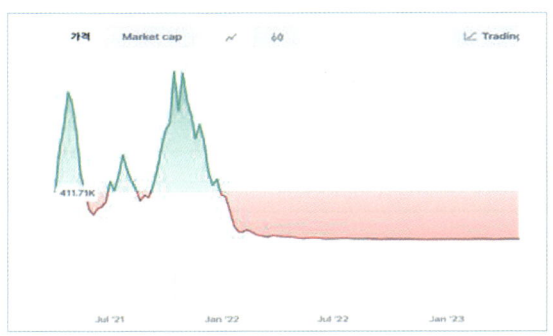

올림푸스 다오(OlympusDAO)의 OHM 토큰은 초기 과도한 보상 정책으로 인해 급등한 가격에서 수익 실현을 노린 유동성 용병(Liquidity Mercenaries)들의 매도 압력이 커졌습니다. 이러한 구조적인 한계 때문에 OHM은 변동성이 매우 큰 토큰으로 평가됐습니다.

이는 초기 채권 판매를 통해 발행된 토큰이 시뇨리지(Seigniorage) 구조로 계속 공급됨에 따라 시간이 지날수록 시장 내 토큰 수량이 증가하고, 결과적으로 가격이 자연스럽게 하락하는 인플레이션 구조로 이어졌기 때문입니다.

WebKey는 이러한 문제를 인식하고 초기 설계 단계에서부터 가격 안정 메커니즘을 내장하였습니다.

▶ **레퍼럴 마케팅과 낮은 보상률:** 초기부터 보상 이익률을 알고리즘으로 세밀하게 조정하여 급격한 유통량 증가를 원천 차단하였습니다.

▶ **토큰 소각 전략:** 생성된 시뇨리지 수익의 일부를 활용해 토큰을 주기적으로 소각함으로써 인플레이션을 상쇄하고 토큰의 희소성을 유지합니다.

▶ **스마트 콘트랙트 기반의 가격 안정 개입:** WebKey는 국고(Treasury)에 저당된 USDT를 활용해, 가격이 일정 수준 이상 하락하면 알고리즘에 따라 자동으로 시장에 개입합니다. 이는 마치 정부가 외환시장에 개입해 환율을 안정화하는 메커니즘과 유사합니다.

    WebKey는 단순한 금융 플랫폼이 아니라, Web 3.0 스마트폰 (WebKey폰)이라는 실질적인 제품을 중심으로 수요를 확대하고 있습니다. 2025년 하반기부터 WebKey폰이 본격적으로 배송될 것으로 예상되며 이는 wKeyDAO 토큰의 실질적 수요 증가를 유도하게 됩니다.
    결과적으로 공급보다 수요가 앞서는 구조가 형성되면 토큰 가격은 자연스럽게 상승세를 탈 가능성이 큽니다.
    지금까지의 여러 구조적 요인 덕분에 wKeyDAO 토큰은 다른 DeFi 토큰에 비해 바닥까지 가격이 급격히 하락하는 현상이 잘 발생하지 않고 있습니다. 이는 단순한 기대감이 아닌 명확한 시장 전략, 실물 연계 플랫폼(스마트폰), 구조적 소각 및 자동 가격 안정 메커니즘 등 가시적이고 구체적인 비전과 실행력이 있기 때문입니다.

Q11 ... 순간적으로 가격변동폭이 큰 이유는? DEX거래소의 특징은?

▶ DEX의 가격 결정 구조와 슬리피지에 대한 이해

　DEX(탈중앙화 거래소)에서의 가격은 유동성 풀(Pool)에 예치된 두 코인의 비율에 따라 자동으로 결정됩니다. 예를 들어, wKeyDAO 토큰과 USDT 간의 거래 가격은 이 두 코인의 상대 수량 비율에 따라 자동으로 조정됩니다. 하지만 현재는 wKeyDAO의 유동성 실물 크기가 작아서 한 번에 많은 수량을 매도하거나 매수하면 가격이 급격히 출렁이는 현상이 발생합니다. 이를 슬리피지(Slippage)라고 부릅니다.

▶ 슬리피지를 줄이는 현명한 거래법

　이러한 점을 정확히 이해하는 것은 매우 중요합니다. 매도나 매수 시에는 한 번에 5개 내외로 나눠 거래하는 것이 좋습니다. 이렇게 하면 불필요한 가격 급등락을 피하고 자신의 이익을 효과적으로 보호할 수 있습니다.

▶ 전망

    시간이 지남에 따라 WebKey 플랫폼의 참여자 수가 증가하고, 유동성 풀의 규모도 커지면 슬리피지는 자연스럽게 줄어듭니다. 그때가 되면 보다 큰 규모의 거래도 안정적인 가격 범위 내에서 가능해질 것입니다.

Q12. 듀얼코인 시스템은 무엇인가?

    wKeyDAO 토큰은 스마트 콘트랙트 기반의 주조 규약에 따라 발행되는 온체인 주조형 프로토콜 코인입니다. 시스템에 의해 자동으로 생성 및 유통되며 DeFi 3.0의 핵심 구성 요소로 작동합니다.

▶ 2027년 메인넷 출시와 Wkey 심볼 코인 발행
- −WebKey 프로젝트는 2027년 메인넷 출시를 목표로 하고 있습니다.
- −메인넷 출시와 함께 총 2억 1천만 개의 Wkey 심볼 코인이 발행될 예정입니다.
- −이때부터는 플랫폼 내에서 발생하는 모든 가스비도 wKeyDAO 코인으로 처리되며 현재 사용 중인 BNB 코인은 대체될 계획입니다.

▶ 듀얼 코인 시스템과 CEX 상장 가능성

WebKey는 숫자가 고정된 듀얼 토큰 시스템을 채택하고 있습니다. 이에 따라 토큰의 발행 및 유통 구조가 명확하고 투명하게 관리되며, 이는 곧 중앙화 거래소(CEX) 상장을 위한 기준 충족 요소로 작용합니다. CEX 상장에 성공하면 wKeyDAO 코인의 유동성 증가 및 가격 상승 요인으로 작용할 가능성이 높습니다.

Q13. 조직(Organization) 이란 무엇인가?

▶ 조직의 개념

조직이 개념적 실체인지 실체적 개념인지에 대한 논의는 철학적, 사회학적, 그리고 경영학적 관점에서 다양한 해석이 가능합니다.

1) 개념적 실체 (Conceptual Entity)

조직을 개념적 실체로 본다면, 이는 조직이 실재하는 물리적 존재라기보다 구성원들의 협력과 역할, 규범, 구조 속에서 형성된 개념적 구성물이라고 볼 수 있습니다. 즉, 조직은 사람들의 활동과 상호작용을 통해 생겨난 사회적 실체이며 법적·개념적으로 존재하지만 물리적으로 독립된 실체로 존재하지 않는다는 의미입니다. 이 관점에서는 조직을 제도적 현실(Instituted Reality)로 보며 그것이 인간의 인식과 사회적 관습 속에서 형성된다는 점을 강조합니다. 예를 들어 법적으로는 회사가 존재하지만 그것은 개인들로 구성된 추상적 개념이라는 것입니다.

2) 실체적 개념 (Ontological Concept)

반대로 조직을 실체적 개념으로 본다면 이는 조직이 단순한 개념이 아니라 물리적으로 또는 구조적으로 실재하는 존재라는 의미입니다. 이 관점에서는 조직이 물리적 자산(건물, 설비, 자본)과 구성원의 집합체, 즉 사회적·경제적 실재를 이루는 하나의 실체로 간주합니다.

이론적으로 보면, 조직은 조직 구성원, 규칙, 역할, 그리고 공동의 목표가 모여 물리적·사회적으로 독립된 존재로 기능하기 때문에 실체적 개념이라고 해석할 수 있습니다. 예를 들어, 특정 기업이 자체 상표와 시설을 갖고 운영된다면 그것은 단순한 개념이 아니라 독립적인 실체로 볼 수 있습니다.

3) 결론: 둘 중 하나인가, 둘 다인가?

이 논쟁은 개념적 실체와 실체적 개념이 대립하는 것이 아니라 상호 보완적인 방식으로 이해될 수 있겠다는 점에서 흥미롭습니다. 조직은 인간이 만들어낸 개념적 실체이지만, 그 개념이 현실에서 작동하여 실체적인 결과를 만들어내는 존재이기도 합니다. 따라서 조직은 개념적 실체이면서 동시에 실체적 개념일 수 있습니다.

▶ 개념적 실체인 DAO를 실정법상 회사로 성격을 규정한 나라는?

DAO(탈중앙화 자율조직)를 실정법상 회사로 인정한 대표적인 국가는 미국입니다. 특히 와이오밍(Wyoming)주와 테네시(Tennessee)주에서는 DAO를 유한책임회사(LLC)의 한 유형으로 인정하고, DAO LLC 자체가 법인격을 가질 수 있도록 법률을 개정했습니다. 이러한 법적 인정은 DAO가 전통적인 기업 구조를 대신할 가능성을 열어주었으며 DAO의 법적 지위와 책임을 명확히 하는 데 중요한 역할을 했습니다. 하지만 여전히 대부분 국가에서는 DAO의 법적 성격이 불분명하며 규제와 법적 보호 측면에서 논의가 계속되고 있습니다.

추천사

　미래를 바꾸는 건 거창한 계획이 아닌, 단 한 사람의 작은 선택입니다. 그리고 선택을 행동으로 이끄는 열쇠, 바로 WebKey입니다. 세상은 끊임없이 변합니다. 하지만 변화를 이끄는 사람은 늘 소수입니다. 이 책은 그런 이들을 위한 여정의 안내서입니다. WebKey는 기존 질서에 안주하지 않는 당신이 새로운 세상에서 가장 먼저 앞장서도록 빛을 비춥니다. Web 3.0이라는 거대한 물결은 기존의 방식들을 집어삼키고 있습니다. 이 책은 그 파도 위에 서는 법을 알려주는 나침반이자, 혁신을 꿈꾸는 당신을 위한 든든한 동반자입니다. WebKey는 기술이 아닌 철학입니다. 복잡한 개념도 흥미롭고 쉽게 풀어내며, 당신이 디지털 시대에 긍정적인 영향력을 만드는 존재가 되도록 안내합니다.

　이제, 선택은 당신의 몫입니다. 미래로 향하는 관문은 열려 있고, WebKey는 그 첫걸음을 함께할 준비가 되어 있습니다.

_ MAX 다오

Web 2.0의 종언에서 Web 3.0의 서막까지, 이 책은 단순한 기술 해설서가 아니라 문명의 전환을 목격하는 안내서입니다. 기술이 도구를 넘어 철학이 되고, 플랫폼이 되고, 사회가 되는 시대, 이 책 『Web 3.0 디지털 혁명의 관문, WebKey』는 Web 3.0이라는 거대한 흐름 속에서 WebKey가 왜 필요한지, 어떤 철학적 의미를 갖는지를 치열하게 묻고 답합니다.

WebKey는 누구나 쉽게 Web 3.0에 진입할 수 있도록 다리를 놓기 위해 탄생한 플랫폼입니다. 이 책은 단지 WebKey를 소개하는 책이 아니라, 시대의 전환점을 누구보다 먼저 이해하고 준비한 이의 혜안이 녹아 있는 기록입니다.

다가올 세상을 준비하는 모든 이에게 이 책은 생각의 도약대이자 실천의 출발점, 그리고 그 세상에 함께 가자고 손 내미는 초대장이자 나침반이 될 것입니다.

_ 저자 지인 Hanna

바이낸스거래소가 레퍼럴로 세계적 1위 기업이 되었습니다. 레퍼럴 1위는 매일 하루 비트코인 2~5개를 받는다하네요. 믿어지시나요? 여기 또한번의 레퍼럴로 돈 버는 Webkey가 나왔네요. 이자 농사 짓고 레퍼럴 보상 받고 하루하루 늘어나는 레퍼럴 보상이 기가막힙니다. 바이낸스 보상을 이기는 날이 곧 올것 같네요. Webkey를 놓치지 마세요. 평생 후회합니다.

『Web 3.0 디지털 혁명의 관문, WebKey』는 기술 혁신을, 성공을 꿈꾸는 여러분에게 길을 열어줄 조력자입니다. 최근 거대한 기술의 파도, 'Web 3.0'을 모두 아우를 새로운 흐름 속에서 WebKey는 세상을 변화시키는 열쇠가 될 수 있음을 보여줍니다.

_ CASH 다오

쓰고, 연결하라. 그리고 세상을 소유하라!
WebKey의 주인은 기술이 아니라 당신입니다.